怀德堂研究

HUAIDETANG YANJIU

汤浅邦弘 —— 著

白雨田 —— 译

四川大学出版社

项目策划：袁　捷
责任编辑：袁　捷
责任校对：谢正强
封面设计：墨创文化
责任印制：王　炜

图书在版编目（CIP）数据

怀德堂研究 /（日）汤浅邦弘著；白雨田译 . — 成都：四川大学出版社，2020.5
ISBN 978-7-5690-3733-3

Ⅰ . ①怀… Ⅱ . ①汤… ②白… Ⅲ . ①汉学－研究－日本 Ⅳ . ① K207.8

中国版本图书馆 CIP 数据核字（2020）第 060447 号

书名	怀德堂研究
著　　者	［日］汤浅邦弘
译　　者	白雨田
出　　版	四川大学出版社
地　　址	成都市一环路南一段 24 号（610065）
发　　行	四川大学出版社
书　　号	ISBN 978-7-5690-3733-3
印前制作	四川胜翔数码印务设计有限公司
印　　刷	四川五洲彩印有限责任公司
成品尺寸	148mm×210mm
插　　页	8
印　　张	5.375
字　　数	155 千字
版　　次	2020 年 5 月第 1 版
印　　次	2020 年 5 月第 1 次印刷
定　　价	52.00 元

扫码加入读者圈

版权所有  侵权必究

◆ 读者邮购本书，请与本社发行科联系。
　电话：(028)85408408/(028)85401670/
　(028)86408023　邮政编码：610065
◆ 本社图书如有印装质量问题，请寄回出版社调换。
◆ 网址：http://press.scu.edu.cn

四川大学出版社
微信公众号

目　录

怀德堂珍稀文物

1. 初代学主三宅石庵书"怀德堂" …………………………（3）
2. 三宅石庵《万年先生论孟首章讲义》 ……………………（4）
3. 中井竹山（第四代学生）肖像画 …………………………（5）
4. 中井履轩肖像画 ……………………………………………（6）
5. 入德门联 ……………………………………………………（7）
6. 中井竹山《非征》 …………………………………………（8）
7. 三宅石庵、中井竹山《中庸错简说》 ……………………（9）
8. 中井履轩《越俎弄笔》 ……………………………………（10）
9. 岩崎象外绘、中井履轩赞《解师伐袁图》 ………………（11）
10. 中井履轩《木制天图》 …………………………………（12）

序章

怀德堂研究的历史………………………………………………（15）

第一部分　怀德堂的汉学

儒教空间——怀德堂……………………………………………（25）
怀德堂学派之《论语》解释——关于"异端"之说…………（39）
孔子的梦——怀德堂学派的《论语》注释……………………（53）
怀德堂的祭祀空间——中国古礼的受容与发展………………（71）

俄罗斯军舰迪阿那号与怀德堂——并河寒泉的"攘夷"
··（110）

第二部分　怀德堂的文化与电子图书馆

书简与扇的数字图书馆························（129）
近世日本汉学塾的印章——怀德堂印的研究············（138）
奈良、大阪墨之道——关于古梅园所藏怀德堂墨型········（157）
人类的文化遗产"版木"的数字图书馆——以大阪大学
　　"怀德堂文库"所藏版木为中心··················（169）
日本江户时代历史资料的数字图书馆（Digital Archive）
　　——大阪大学"怀德堂文库"的发展················（179）

怀德堂珍稀文物

本书所载怀德堂相关资料的图版,均为大阪大学怀德堂文库所藏资料,并已获得大阪大学附属图书馆、大阪大学文学研究科以及怀德堂纪念会的出版授权。

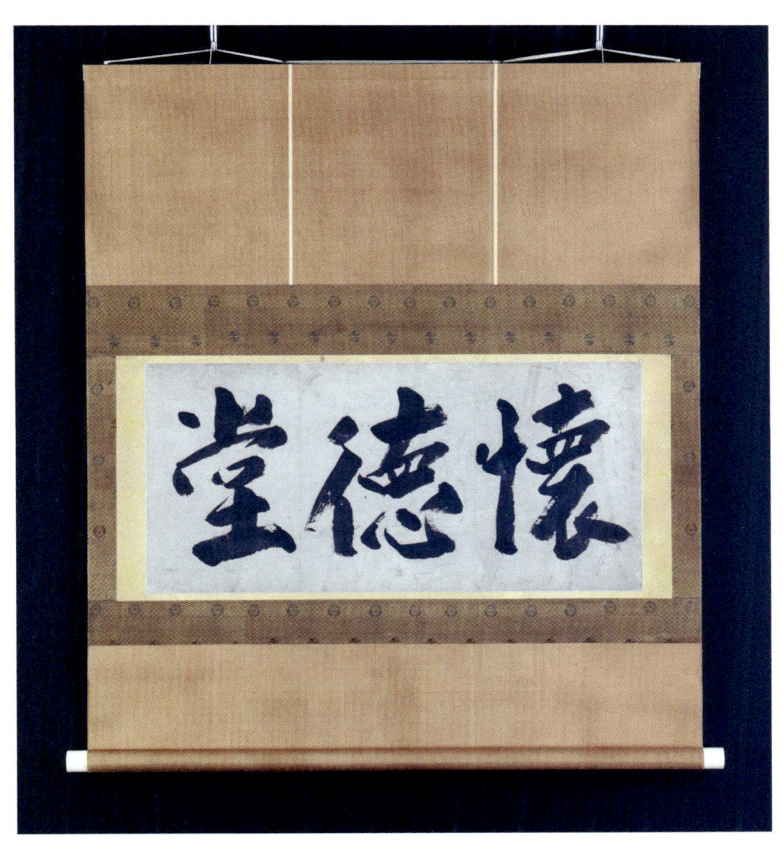

1. 初代学主三宅石庵书"怀德堂"

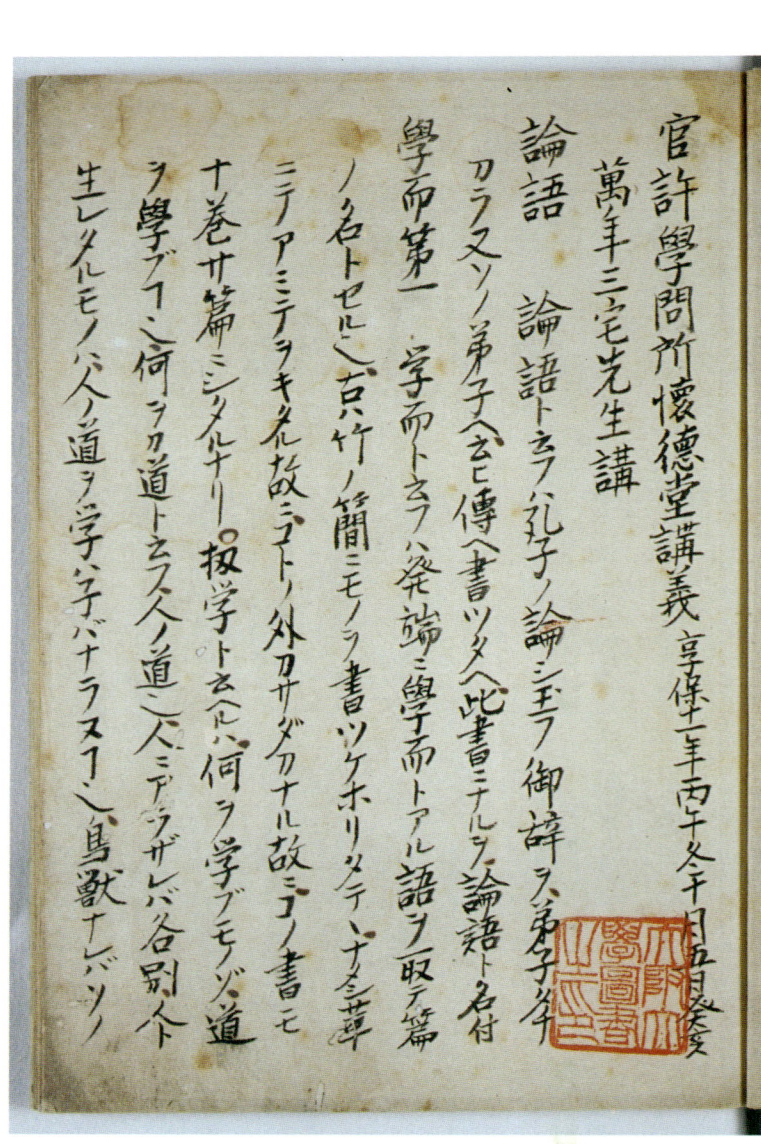

2. 三宅石庵《万年先生论孟首章讲义》

3. 中井竹山（第四代学生）肖像画

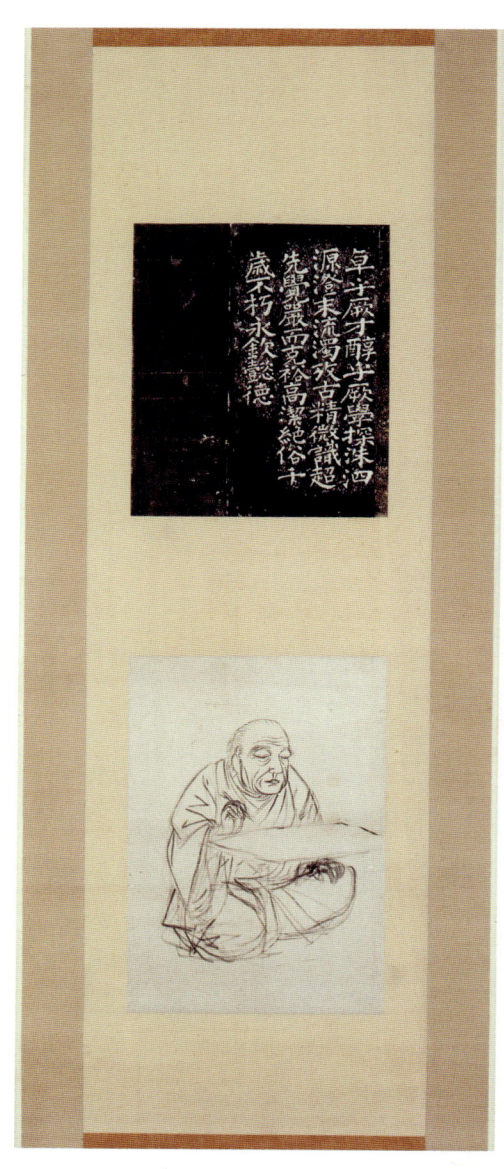

4. 中井履軒肖像画

5. 入德门联

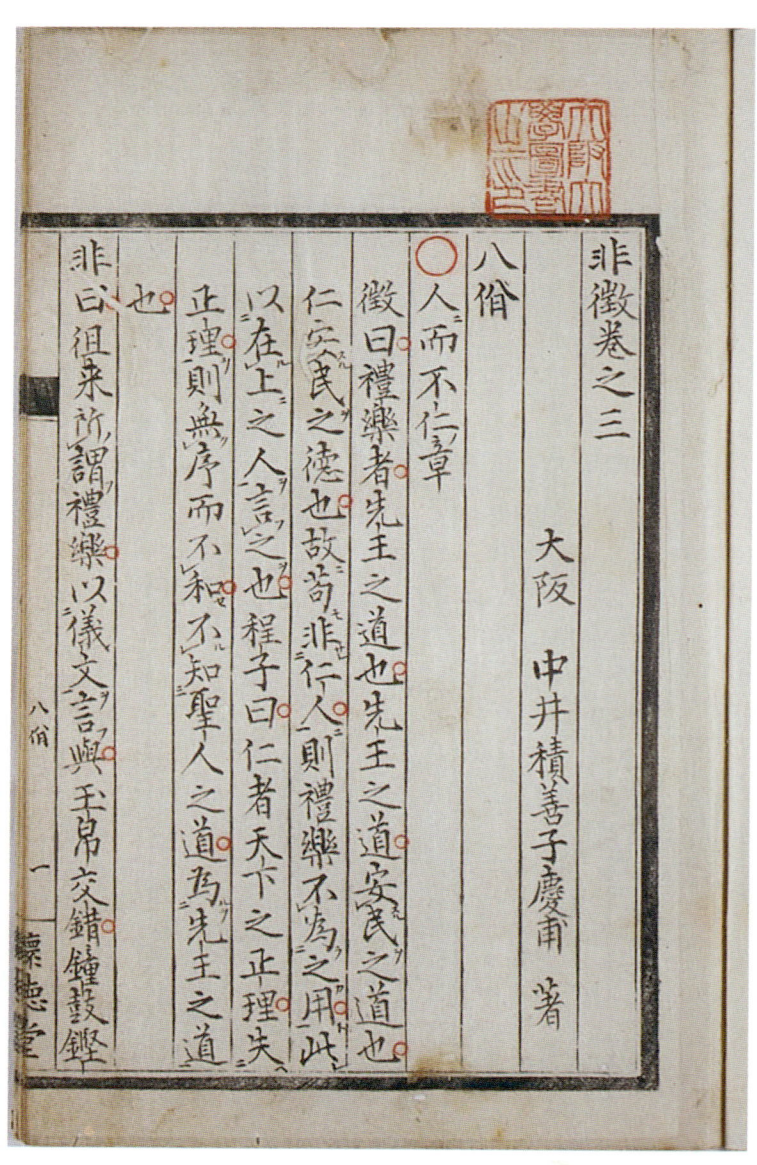

6. 中井竹山《非徵》

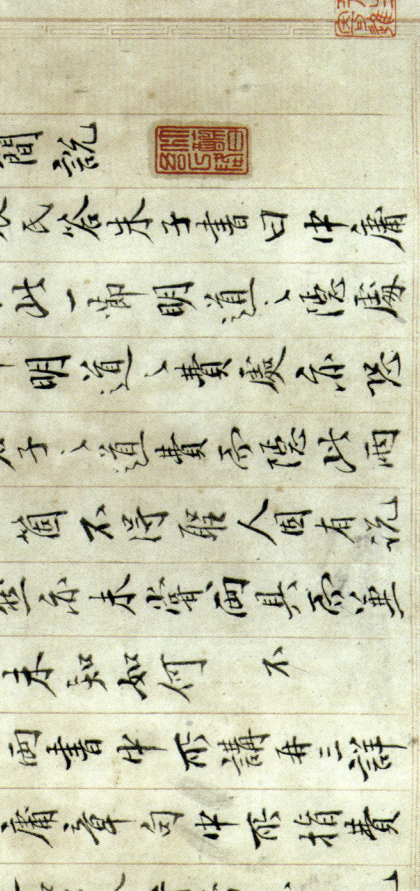

7. 三宅石庵、中井竹山《中庸错简说》

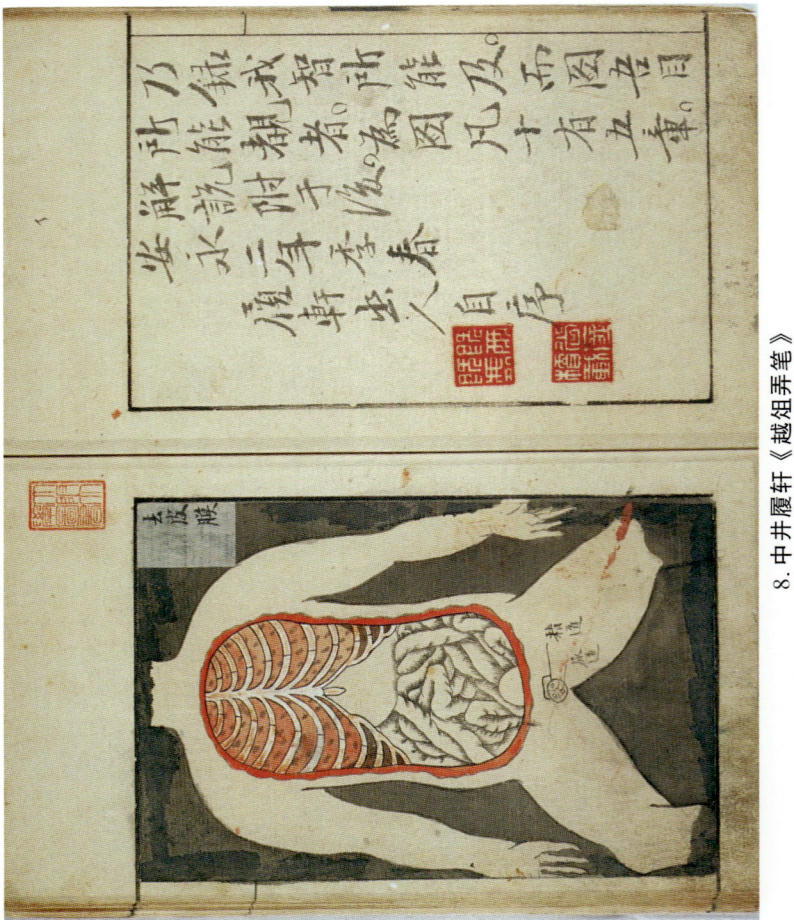

8. 中井履轩《越俎弄笔》

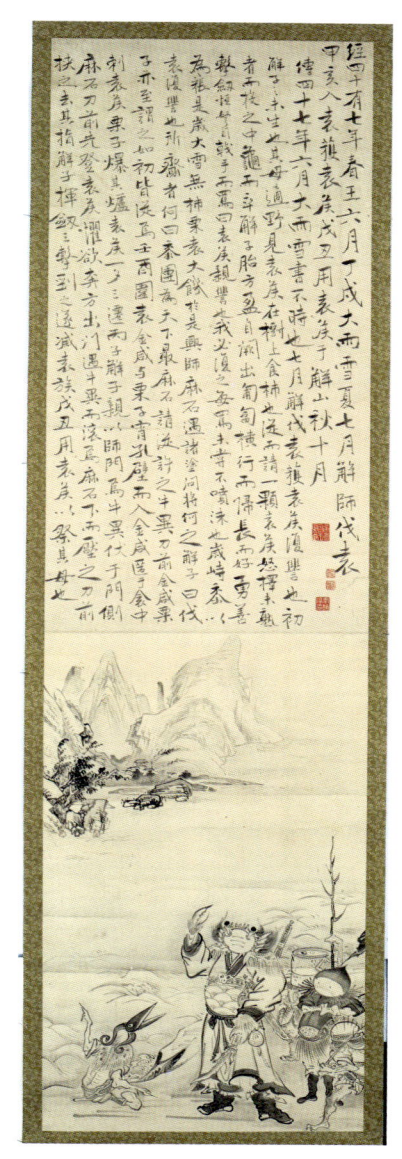

9. 岩崎象外绘、中井履轩赞《解师伐袁图》

10. 中井履轩《木制天图》

序章

序 章

怀德堂研究的历史

怀德堂与"怀德堂文库"

在江户时期的大阪,有一所与昌平黉比肩的学校,名为"怀德堂"。享保九年(1724),大阪的豪商们聘请三宅石庵创建了怀德堂。两年后,学校获得了江户幕府的公认,成为"大阪学问所"。后来,其以大阪商人为主体的运营方式一直未变,作为一所"半官半民"的汉学塾,为大阪文化的形成及商业道德的培养贡献了自己的力量。

在当时,怀德堂是一所极为独特的学校。虽然当时的日本尚处于等级森严的时代,有士、农、工、商等不同等级,但怀德堂中的学生们却皆为"同辈"。商人与武士同桌而学,学费也根据各人的经济情况而定。而且,怀德堂也不仅是一所为商人开办的学校,同时还展开一系列的高等教育及研究活动。在第四代学主中井竹山(1730—1804)及其弟中井履轩时期,怀德堂迎来了鼎盛时期,饮誉全国。当时,前往关西的知识分子必定顺访怀德堂。从怀德堂门下,走出了富永仲基、山片蟠桃、草间直方等日本近代的知识分子精英。

明治二年(1869),怀德堂关闭,结束了其一百四十余年的历史。明治末年,部分有识之士为了彰显怀德堂在教育上的重要意义和为复兴怀德堂做准备,怀德堂纪念会应运而生。大正五年(1916),在关西政财界及言论界的支援之下,怀德堂学舍得以重建,被称为"重建怀德堂"。重建怀德堂继承了江户时期的怀德堂精神,其举办的讲座对广大市民开放。作为大阪的市民大学,重建怀德堂在大众教育方面起到了积极的作用。

在昭和二十年(1945)三月的大阪大空袭中,重建怀德堂除了水泥建造的书库以外全部被烧毁。之后,虽然在废墟上搭建的帐篷中,讲筵得以重开,但也不得不缩小规模,而且,如何管理数量庞大的藏书,也成了当务之急。

当时正逢大阪大学设立文学部,昭和二十四年(1949),文学部实现独立。怀德堂纪念会便借此机会,将所藏资料一并寄赠给了大阪大学,同时决定与大阪大学展开紧密合作。

因此,怀德堂大量的书籍及器物也从中央区本町桥的废墟中,被充当中介的古书肆中尾松泉堂用拖车搬运到了当时大阪大学本部的中之岛校区。

翌年,怀德堂庞大的资料群被移送至大阪大学丰中校区,陆续被文学部接收。当时虽然大阪大学存在图书馆的建制,但由于图书馆本馆尚未建设,因此,这批资料在经过整理后由文学部内的图书馆分室(后改称为分馆)及相关研究室分散收藏。在"怀德堂文库"的资料中,多见有"昭和二十六年支那哲学(现在的中国哲学研究室)"的接收印章,便是这个原因。

昭和三十一年(1956),"怀德堂文库"的管理方从文学部转换为附属图书馆,昭和三十五年(1960),附属图书馆本馆竣工,终于将怀德堂部分资料转移到图书馆。昭和四十一年(1965),随着本馆第二期工程(书库栋一至二层的扩建)的完成,怀德堂资料大部分被收藏在书库栋第二层中,但仍有一部分留在了文学部内。

为了编纂怀德堂图书目录,从昭和四十五年(1970)开始,相关人员对怀德堂藏书进行综合调查,与此同时,留在文学部内的资料,也陆续移至了书库栋第二层中。昭和五十一年(1976),

调查的成果以《怀德堂文库图书目录》（大阪大学文学部）的形式付梓，"怀德堂文库"的概况也首次为世人所知。

昭和五十六年（1981），大阪大学附属图书馆书库栋扩建（三至六层），"怀德堂文库"便移至了第六层的贵重图书室，之后的二十年间，"怀德堂文库"一直保存于此。

平成十二年（2000）三月，大阪大学附属图书馆新馆竣工。新馆在大举提高了收藏能力的同时，也浮现出了新的问题。这便是，收藏于旧馆中的"怀德堂文库"如何处置？新馆第六层的贵重图书室面积为165平方米，加之贵重图书阅览室的45平方米，也仅有210平方米，远不及旧馆书库栋第六层贵重图书室的277平方米。后来有关人员经过反复协商，终于通过增设书架的办法解决了搬迁的难题。平成十三年（2001）八月，"怀德堂文库"终于进行了综合搬迁。数量庞大的书籍，以传统的经史子集的四部分类法进行了排序，数量众多的器物，也配置了专用的书架与箱子。资料整理工作及书架的细微调整工作，一直持续至今。

"怀德堂文库"的特色，在于完整保存了从江户时期至昭和时期怀德堂的贵重资料。另外，除汉籍以外，还有和书及文书类，以及书画、匾额、联、扇、印章、雕版等器物，在资料的形态方面也极具特色。而且，通过怀德堂纪念会的购入和相关人员寄赠等方式，资料数量至今仍在不断增加。总之，怀德堂作为一个"活文库"，具有极高的价值。现在，"怀德堂文库"的资料总数大约在五万件以上。

怀德堂研究的发展

怀德堂拥有漫长的历史以及数量庞大的资料，欲掌握其全貌，颇为不易。最初以怀德堂整体为研究对象的研究成果，为西村天囚（《朝日新闻》记者，后为京都大学讲师）的《怀德堂考》。西村天囚为创设于明治四十三年（1910）的怀德堂纪念会的理事,也曾执教于重建怀德堂的讲坛之上。西村天囚的研究成果曾以"怀德堂研究"为题,在大阪《朝日新闻》上进行连载,后将其编为《怀德堂考》上下二卷分发给同好。虽然该书发行量极少,仅上卷三十五部、下卷七十五部,但其内容却较为丰富,翔实地记载了从江户时期怀德堂的创设至闭校的历史过程,为首部怀德堂通史,具有较高的学术价值。

大正十三年(1924),怀德堂纪念会机关杂志《怀德》创刊。该刊刊载了有关江户时期怀德堂的研究成果与资料调查,以及与建于大正时期的重建怀德堂有关的珍贵历史资料。《怀德堂考》与《怀德》,至今仍是怀德堂研究中最为重要的基础资料。

第二次世界大战以后,怀德堂的资料即移至大阪大学,从昭和二十年代至四十年代的资料调查,至昭和五十一年(1976)《怀德堂文库图书目录》的刊行,这一阶段的研究基本上奠定了以后研究的基础。在此基础之上,不断涌现出了许多优秀的有关怀德堂的研究成果。如加地伸行等的《中井竹山・中井履轩》(明德出版社,1980),宫本又次《町人社会の学芸と怀德堂》(文献出版,1982),*Tetsuo Najita*;*Vision of Virtue in Tokugawa Japan—The Kaitokudo, Merchant Academy of Osaka*—1987,日语译本有子安宣邦译:《怀德堂——八世纪日本の"德"の諸相》,岩波书店,1992),陶德民《怀德堂朱子学の研究》(大阪大学出版会,1994)等。另外,还有面向大众刊行的著作,如图录《怀德堂——浪华の学问所》(怀德堂友の会・怀德堂纪念会,1994),肋田修、岸田知子《怀德堂とその人びと》(大阪大学出版会,1997),宫川康子《自由学问都市大阪——怀德堂と日本的理性の诞生》(讲谈社,2002)等。

从昭和五十年代后半期开始,怀德堂纪念会还举行了"怀德堂古典讲座"等公开讲座,从昭和六十年代开始又进行贵重文献的复刻刊行工作。通过这些事业,怀德堂研究的成果也逐步为世人所知。

至平成十年（1998）前后，默默无闻的基础调查研究与刊行事业发生了巨大的转机。如上所述，大阪大学复刻刊行会从昭和六十三年（1988）开始，对"怀德堂文库"的贵重资料进行了复刻刊行的工作，当时已经刊行了《非徵》《非物篇》《史记雕题》《论语雕题》等12部文献。但此类刊行需要巨额的刊行费用，因此自平成十一年（1999）刊行了《孟子雕题》之后，便终止了该项复刊事业。从平成十二年（2000），"怀德堂文库"开始探讨以另外一种替代方式公布文献，即文献的电子信息化。

对此起到决定性作用的，便是大阪大学创立七十周年纪念仪式。始创于昭和六年（1931）的大阪大学，在平成十三年（2001）五月的创立纪念仪式上，以最新的多媒体记述方式对大阪大学的两大源流——怀德堂与适塾进行了展示。在名为"虚拟适塾·怀德堂"的数码作品里，以CG（电子图像）形式在虚拟空间中重现了各个学舍，并制作了听讲生以及贵重资料的数据库予以公开。

有关怀德堂的数码作品，并未停留在短暂的仪式之上，在纪念仪式之后，相关部门也以科研费的共同研究形式为主，对此展开了进一步的研究，并取得了巨大的成果。现将怀德堂研究成果的相关数码作品整理如下。

（一）大阪大学附属图书馆网站主页（http://www.library.osaka-u.ac.jp/）

在大阪大学附属图书馆网站主页的"电子展示中的怀德堂"中，共展示了怀德堂的相关图版约七十件，以及九部贵重图书的全文图像。该项目为平成九年（1997）开始的"电子图书馆化"计划中的一环。项目的管理运营方为附属图书馆信息服务科。此外，平成十二年（2000）在馆内设置了研究开发室，笔者也作为其室员（兼任）参与了该项目的电子化工作。

（二）大阪大学文学研究科中国哲学研究室网站主页（http://www.let.osaka-u.ac.jp/chutetsu/）

该作品以"怀德堂与中国古典的世界"的形式展示了有关怀德堂的研究信息。同时，该作品还与笔者在大阪大学的课程相互关联，展示了"怀德堂资料的电子信息化""怀德堂的讲义""怀德堂的精神""怀德堂与汉语"等数码内容，以及主要的文本数据库。

（三）一般财团法人怀德堂纪念会网站

一般财团法人怀德堂纪念网站（http://www.let.osaka-u.ac.jp/kaitokudo/）介绍了创设于明治四十三年（1910）的怀德堂纪念会，是主要面向一般大众或会员的数据库。虽然该网站关于怀德堂研究的信息较少，但在介绍怀德堂与怀德堂纪念会的历史，以及现在开展的各种事业方面，内容较为翔实。

（四）虚拟怀德堂以及怀德堂数据库

该数据库是平成十三年（2001）五月，为纪念大阪大学创立七十周年而公开的数码内容。制作方为校内特设多媒体内容执行委员会（以下简称"委员会"）。虚拟怀德堂及怀德堂数据库作为一个纪念项目，由委员会独力制作而成。其主要内容如下：①通过CG在虚拟空间重现江户时期怀德堂学舍的"虚拟怀德堂"，②由约百件贵重资料为主所构成的怀德堂数据库，③怀德堂的合理精神与近代的英知为焦点的数码工程"怀德堂的知识宇宙"（由超高精细显像器进行公开），④介绍怀德堂以及适塾（绪方洪庵的兰学塾）的精神与本事业概要的高精清晰度电视作品"知识的光彩·面向未来"等。此外，同年十二月，委员会还将上述②的内容重编后，刊行了《怀德堂事典》（汤浅邦弘编著，大阪大学出版会）。

（五）WEB怀德堂

WEB怀德堂（http://kaitokudo.jp/）是怀德堂研究的综合网站。除"怀德堂文库电子图书目录""贵重资料数据库"两大主要部分以外，还有"怀德堂入门""平成的怀德堂"等部分，这些综合网站提供了一些基本信息以及最新信息的项目。

怀德堂研究会的活动以及研究的展望

在有关人员长期不懈的努力下，怀德堂研究终于取得了如上所述的成果。尤其是在电子信息化时代到来以后，怀德堂研究更加需要多方人员的协助。为了能够适应时代的要求，笔者从学校内外招贤纳士，于平成十二年（2000）四月，创立了"怀德堂研究会"（隶属大阪大学文学研究科中国哲学研究室）。研究会虽然仅有十几名成员，但他们都热爱怀德堂并在怀德堂研究方面已经取得一定的成绩。在成员们的协助下，怀德堂研究会圆满完成了从资料的综合调查，到资料的电子信息化，以及"怀德堂文库"的综合搬迁等各项工作。

资料调查的成果，除上述《怀德堂事典》之外，还刊行了《怀德堂文库の研究》（大阪大学大学院文学研究科，2003年），以及《怀德堂文库の研究二〇〇五》（大阪大学大学院文学研究科，2005年）等共同研究报告书，同时将其全部进行数据化处理，并登载在了WEB怀德堂上。另外，基于怀德堂的编年史《怀德堂纪年》的研究，还刊行了结合多幅图片介绍怀德堂历史的《怀德堂の历史を读む》（汤浅邦弘、竹田健二编著，大阪大学出版会，2005年）。

另外，在平成二十八年（2016）重建怀德堂开学百周年之际，怀德堂纪念会举行了纪念演讲会及资料展。借此机会，还刊行了汤浅邦弘增补改订版《怀德堂事典》（大阪大学出版会）与《怀德堂の至宝——大阪の"美"と"学问"をたどる》（大阪大学出版会）。

大阪学术界拥有适塾与怀德堂这两大学问的源流。适塾为绪方洪庵开设的兰学私塾，培养了福泽谕吉、大村益次郎、桥本左内等大学者，以及活跃在幕府末期致力于维新的众多著名人才。

相比之下，怀德堂的知名度则较低。但怀德堂创设比适塾还早一百年，可以说，在怀德堂开设以及重建期间的约一百七十多年间，给予日本学术界以及大阪的文化影响无法估量。

日本的汉学研究偏重于江户的汉学，偶尔涉及一些京都的汉学。因此，对于日本汉学史而言，还有必要进行重构，大阪汉学这一重要部分应当纳入研究。

而且，怀德堂也不仅仅是一个汉学私塾。如中井履轩，除经学研究以外，在医学、本草学、天文学等自然科学方面也留下了不俗的业绩。区分适塾为洋学、怀德堂为汉学的二分法，尚不足以完全体现怀德堂的风貌。此外，怀德堂还留有书画、印章、屏风、雕版等众多的贵重文物。在本书中，尽可能将其纳入视野之中，来综合描述怀德堂的魅力所在。

若本书能为怀德堂的研究以及日本汉学史、近世学术史、中国思想史等诸领域的研究抛砖引玉而小有贡献，则幸甚矣。

第一部分　怀德堂的汉学

第一部分　怀德堂的汉学

儒教空间——怀德堂

序　言

传到日本的儒教，经过不断改造后融入日本社会，并对日本人的精神与文化产生了极大的影响。但迄今的研究，主要是以日本学者们如何解释并容纳中国儒教，特别是以儒教经典等文献学方面的研究为主，而儒教教学场所（学校）的影响等方面，尚未进行充分考察。

本书以江户时期大阪学堂"怀德堂"为例，来探讨江户时期日本的学校是如何来实现其作为儒教教学场所的功能的。

以下介绍的资料，现均保存在大阪大学"怀德堂文库"中。大阪大学利用这些资料用CG再现了校舍，称为"虚拟怀德堂"，并在网上予以公开。

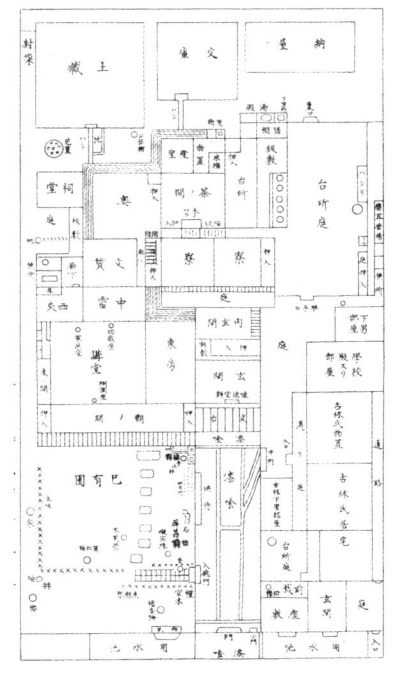

图1

一 怀德堂的构造与性质

首先来确认一下怀德堂校舍的构造。图 1 为江户时期的怀德堂平面图①。从面向道路一面的正门（南）走向玄关，途中左手方向有中庭，庭前有中门，称为入德门。进入玄关，左面是作为等候室的东房。穿过东房便是讲堂。至此便是怀德堂的公共空间。

怀德堂是享保九年（1724）由大阪商人创立的学堂。当时的儒教教学，主要是以江户的官学昌平黉、各藩的藩校以及著名学者的私塾为主来进行的。而怀德堂的学问，则具有建立在商人的经济基础上，并由商人自己来学习的特点。在这样的校舍中，儒教精神是如何得到体现的？下面，将以此教学空间为主进行考察。

二 入德门联

首先，在连接庭院的入德门两侧，挂有一副由怀德堂第四代学主中井竹山手书的竹制对联。对联由一根剖为两半的竹子制成（长 88cm），并以白色颜料书写"力学以修己""立言以治人"（如图 2 所示）。

这表明了儒教所谓的"修己治人"精神，强调了努力修身与以此为基础的社会活动（经世）的重要性。

在进入怀德堂玄关之前，首先入目

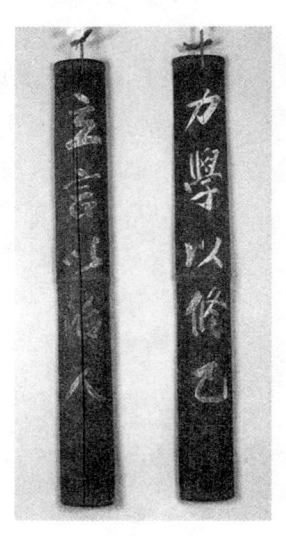

图 2

---

① 《怀德》第 9 号（1931 年）所收"旧怀德堂平面图"。该图是基于世代担任怀德堂学主的中井家子孙中井木菟麻吕幼时的回忆所制。

的便是这副对联。而对联又传递了如上的儒教精神。

三 怀德堂额

进入玄关后,则挂有"怀德堂"的匾额,这是怀德堂初代学主三宅石庵的笔迹(如图3、4所示)。"怀德",为心怀道德之意。三宅石庵将其命名为学校的名称。其原因不得而知,其出典也有诸多说法,但出自《论语·里仁》篇的"君子怀德"仍为最有力的说法。该匾额正包含了三宅石庵将怀德堂的基本精神定位于重视道德的愿望。现在,在大阪大学"怀德堂文库"中,还留有将此三字重新裱装后的书法挂轴(宽39.8cm×长83.7cm)。

图3

图 4

四　朱文公大字拓本

　　进入玄关走向东房，朱文公大字拓本便映入眼帘，这是取自朱子书法摹刻的拓本，全四幅。底本的朱子四行书，曾是德川将军家的收藏品，由中井竹山借用，并由大阪篆刻家竹山门人前川虚舟摹刻至两枚四面刻板上。后又从此刻板上取下拓本（各长127.8cm×宽33.6cm），挂在东房（如图5所示）。

　　拓本内容为"读圣贤书""立修齐志""存忠孝心""行仁义事"。这是将人修行和问学的次第，以及将所学付诸实践的情形，沿先后顺序表现了出来。其意思是，首先要读"圣贤书"，即儒家经典，接着要树立"修身齐家"之志，同时不失与生俱来的对君亲的"忠孝心"，最终去实践"仁义事"。

　　怀德堂作为官方授权的学堂，奉行幕府认可的官学——朱子学，与荻生徂徕以后盛行的朱子批判学持相反立场。竹山从将军家借来此四行书并进行摹刻，也可认为这是对怀德堂学问立场的明确表态。

听讲生们在进入讲堂之前,首先入目的便是这四行朱子语录。

另外,据说在东房里还设有刀架。怀德堂中,商人和武士同堂听讲,但也规定武士在进入讲堂前需先卸去佩刀。在讲堂内,并不存在武士与商人的区别。

图 5

五 宋六君子图

接着,在东房与讲堂东侧交界的栏间,共挂有六幅画(各宽29cm×长115cm),称为"宋六君子图"(如图 6、7 所示)。

"六君子",是指中国宋代的六位学者:周敦颐、程颢、程颐、张载、司马光、邵雍。六幅图上,均有赖春水撰写的赞文。春水作为赖山阳之父而闻名。春水当时为广岛藩儒,曾学于大阪,并与在大阪新天满町开设私塾的大阪儒者们交游,向来与中井竹山及怀德堂渊源颇深。而且,春水之妻还与中井硕果(竹山之子)之妻为姻戚关系。画中的周敦颐、程颢、程颐是由蔀关月所绘,而张载、司马光、邵雍则是由关月的弟子中井蓝江所绘。

图 6

画中人物之所以特别选此六人,是因为朱子曾在此六人画上书写过赞文。原画所在不详,但赞文则以"六先生画像赞"为题收录于《朱子文集》卷八五中:

  濂溪先生 道丧千载,圣远言湮。不有先觉,孰开我人。
      书不尽言,图不尽意。风月无边,庭草交翠。
  明道先生 扬休山立,玉色金声。元气之会,浑然天成。
      瑞日祥云,和风甘雨。龙德正中,厥施斯普。
  伊川先生 规员矩方,绳直准正。允矣君子,展也大成。
      布帛之文,菽粟之味。知德者希,孰识其贵。
  横渠先生 早悦孙吴,晚逃佛老。勇撤皋比,一变至道。
      精思力践,妙契疾书。订顽之训,示我广居。
  涑水先生 笃学力行,清修苦节。有德有言,有功有烈。
      深衣大带,张拱徐趋。遗像凛然,可肃薄夫。
  康节先生 天挺人豪,英迈盖世。驾风鞭霆,历览无际。
      手探月窟,足蹑天根。闲中今古,醉里乾坤。

春水所书之赞,便抄录自该赞文:

周　子	道丧千载圣远言湮	不有先觉孰开我人
	书不尽言图不尽意	风月无边庭草交翠
程伯子	扬休山立玉色金声	元气之会浑然天成
	瑞日祥云和风甘雨	龙德正中厥施斯溥
程叔子	规圆矩方绳直准正	允矣君子展也大成
	布帛之文菽粟之味	知德者希孰识其贵
张　子	早悦孙吴晚逃佛老	勇撤皋比一变至道
	精思力践妙契疾书	订顽之训示我广居
司马子	笃学力行清修苦节	有德有言有功有烈
	深衣大带张拱徐趍	遗像凛然可肃薄夫
邵　子	天挺人豪英迈盖世	驾风鞭霆历览无际
	手探月窟足蹑天根	闲中今古醉里乾坤

赞文书于宽政九年（1797）。怀德堂于宽政四年全部烧毁，宽政八年重新建成。应是为了庆祝重建，由竹山作成此画及赞，赠予怀德堂。

"周子图""程伯子图""程叔子图"等三幅挂于讲堂东侧长押（楣板）之上，而"张子图""司马子图""邵子图"则挂于东房西侧长押。六君子图因赠予大阪大学之前的保存状态欠佳，变色劣化比较严重，而在所制CG（虚拟怀德堂）中，为尽可能地再现当时的色彩而进行了图像处理。另外，相关人员还在2009年对该图进行了修复，在很大程度上复原了当时的色泽。

怀德堂的听讲生们，正是看着这些人物画，而心驰神往于儒教的精神及儒教的圣贤吧。

图 7

六 白鹿洞书院揭示

在进入讲堂后,后方为教授的座席。在座席右侧上方,可见《白鹿洞书院揭示》。众所周知,《白鹿洞书院揭示》乃朱子重建白鹿洞书院之时制定的学规。后随朱子学的普及,在中国及邻邦诸国的学校中,被继续用作教育大纲。而以朱子学为宗的怀德堂也不例外,天明二年(1782),中井履轩将其抄写并挂在堂内(如图 8 所示)。

图 8(上、下)

现在在大阪大学"怀德堂文库"中，藏有履轩所书《白鹿洞书院揭示》的拓本，在该拓本中，"父子有亲君臣""有义夫妇有别""长幼有序朋友"等三行部分破损残缺，周边部分也发生风化。因此，在用 CG 重现的虚拟怀德堂中，使用了按履轩笔迹复原后的拓本。在图 8 中，上图为现存拓本，下图为经 CG 复原后的拓本。

七　归马放牛图

另外，在讲堂北侧的隔扇上，绘《归马放牛图》，为江户南画的大成者谷文晁（1763—1840）所作（两幅，各为 177cm×89.9cm）（如图 9、10 所示）。

据说在中井竹山担任学主时，赴关西地区的文人们必定会顺访怀德堂。当时关西地区所说的"学校"，实际上指的就是怀德堂。

宽政八年（1796），逗留在怀德堂的谷文晁应中井竹山的请求执笔作画。该画作为讲堂的隔扇画，以便于怀德堂的教授及学生们时时阅览。后来在怀德堂闭校之际，该画被从隔扇上剥离，并托付给了中井家子孙木菟麻吕（1855—1943）保管。

在明治末年，怀德堂纪念会发轫，并开始了怀德堂的彰显运动。明治四十四年（1911），该画被裱装寄存于大阪府立图书馆。后在昭和八年（1933），寄赠给了"重建怀德堂"［大正五年（1916）重新修建的怀德堂］，但保存状态不佳。该画从隔扇上剥离并被保存起来后，或许受到鼠噬，画面上的大孔随处可见；而且，因常年陈列为讲堂的隔扇画，褪色也十分严重。该画虽号称"归马放牛图"，但就连何处描绘有马牛也难以辨认了。因此，在制作虚拟怀德堂之际，就没有将该图收入画面。

图 9

　　然而，有关人员决心将该画复原的热情终于付诸行动并开花结果。2010 年，工作人员开始进行《归马放牛图》的修复工作，终于，画面上的马、牛以及花草清晰地显现了出来。脱去经年的污秽，《归马放牛图》在很大程度上逼近了 200 年前的原貌。尽管受到鼠噬的缺损部分已无法复原，但画面构图终于得以清晰展现。

　　不过，《归马放牛图》复原之后，又有了新的疑问。即何为该图的主题？马及牛又有何意义？且画中所描绘之花为何种花卉？

　　"归马放牛"，乃是化用《尚书》中的语句。据载，周武王讨殷，最终平定战乱，"偃武修文，归马于华山之阳、放牛于桃林之野"（《武成》篇）。

　　如此，"归马放牛"是指把军事征用的牛马放归自然，可以说是在称赞战乱的平息。对文晁而言，《归马放牛图》首先是在赞美开辟江户幕府以来的太平盛世。其次，寓含着正因为有如此和平的环境,才能有怀德堂的教育和研究。

图 10

基于如此考虑,《归马放牛图》的"归马图"中描绘的山与"放牛图"中描绘的花,可以推测为文晁化用了《尚书·武成》篇中语句,山乃是华山(五岳之一),花乃是桃花。

总之,当时怀德堂的教授及听讲生们,正是观赏着这幅大作,浮想着《尚书》语句,一面对和平之世心怀感激,而一面励志求学的吧。

八 祠堂、圣庙

如上所述,怀德堂从玄关到讲堂,可以说具备了作为儒教空间的功能。怀德堂中的学生不仅诵读儒教经典,还可以通过巧设的机关在视觉上对朱子学感同身受。

本节主要论述从玄关到讲堂的公共空间,但实际上,其后方的私人空间也具有这种性质。比如,在本文开头部分所举的《怀德堂平面图》上,讲堂之后可见一间名为"文质"的房间。这是历代事务长(秘书长)的书斋,而所谓"文质",是来源于《论语·雍也》篇中"文质彬彬,然后君子"一语。

平面图右侧中央有"学校板刷部屋",最上端可见有"文库"。也就是说,怀德堂具备中国书院中常见的印刷(出版)及藏书的功能。听讲生们也深知这里不单是教学场所,而且同时也是利用这些功能来发扬儒教精神的场所。

在视觉上彻底体现儒教空间的,当属祠堂与圣庙。首先,祠堂是在朱子《家礼》中也有规定的重要的祭祀场所,但在怀德堂中,如图1-1所示,它并非独立的祠堂,而只是将西北侧一间屋子充当祠堂,也称为"祠室"①。此处,祭祀着世代出任怀德堂教授的中井家的先祖。虽有所简化,但可以说反映了《家礼》的精神。

此外,在首页的平面图上,却不见绘有圣庙(孔子庙)。而在宽政年间怀德堂烧毁之际,中井竹山制定了重建计划。其设计规划之一,见于以下图纸(如图11所示),很明显,中井竹山将"圣庙"设计为一个独立的空间。平面图左上方可见有"文库"。其左侧有"圣庙",圣庙里侧标注有"圣像",两侧为"四配"。其前方(下方)可见以"切石"相连,为"池"环绕的拜殿。"祠堂"则作为一个独立的建筑物坐落在圣庙的左侧,其中标注有"四龛"。后虽因为预算问题,设置圣庙与独立祠堂的计划没有能够实现,但中井竹山的确认为怀德堂应该备有祠堂与圣庙。

---

① 平面图中所标记的该"祠堂",以及怀德堂如何接受朱子《家礼》的问题,参阅拙作《朱子〈家礼〉与怀德堂〈丧祭私说〉》,载吾妻重二、朴元在编:《朱子家礼と東アジアの文化交渉》,汲古书院,2012年3月,367~382页。

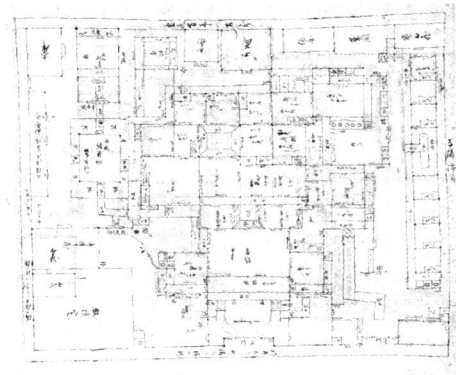

图 11

结　语

以上通过研究大阪大学"怀德堂文库"中残留的资料，对怀德堂儒教空间的具体布局进行了考察。怀德堂不仅是诵读经书的场所，也是一个儒教空间，大门、玄关、东房、讲堂全部是儒教空间。怀德堂的教授及听讲生们不仅可从文献上，还可从这些联、额、揭示、绘画上亲身感受到儒教精神。

当然，以中国为首的各地孔子庙及书院，作为明确的儒教空间实现了其教化功能。孔子庙作为祭祀设施的同时，也是儒教重要的教学场所。而书院的最终目的之一，便是基于儒教精神以培

12

养士大夫。

然而在像怀德堂一样的民间学校及私塾当中,还从未有过如此充满儒教精神的空间。怀德堂这座建筑物,本来是由大阪的豪商所提供,并非新造的中国式建筑。图 12,为《怀德》第 9 号(1931)中登载的怀德堂的图案。如图所示,其墙壁、门窗、庭院以及建筑物本身形成一个具有日本风格、而绝非中国风格的空间。但在如此具有日本特色的建筑物中却尽可能巧设机关,使怀德堂终于成为一个彻底的儒教空间。

("传统与开拓:朱子学国际学术研讨会"演讲稿,湖南大学,2012 年 10 月 24 日)

怀德堂学派之《论语》解释
——关于"异端"之说

序 言

传到日本的朱子学,给日本的文化与学术带来了巨大的影响。而另一方面,朱子学的经书解释也受到了严厉的批判。过去的研究认为,江户时期的伊藤仁斋及荻生徂徕的批判性解释比较著名,然而在大阪的怀德堂中,也存在过秀逸的经书解释。[①]

本篇通过《论语·为政》篇中"攻乎异端,斯害也已"的孔子之言,来探讨江户时期的学者们如何接受朱子学,并如何进行经书解释的。特以此句为例,是因为"异端"之语在《论语》中,仅此一处。而且,对该处的解释也可明确显示各家学问的不同立场。

一 朱子学的"异端"与"小道"

首先来看朱子对"攻乎异端"的解释。《论语集注》认为"攻"为"治"之意,"异端",为不合圣人之道的杨朱、墨翟之说。另外,程子还指出了为害尤甚于杨朱、墨翟的异端,即佛教的存在。

---

① 怀德堂基本情况,参看汤浅邦弘编著《怀德堂事典》,日本:大阪大学出版会2001年版,以及汤浅邦弘编著《怀德堂研究》,日本:汲古书院,2007年版。

>范氏曰，攻，专治也。故治木石金玉之工曰攻。异端，非圣人之道，而别为一端，如杨墨是也。其率天下至于无父无君，专治而精之，为害甚矣。○程子曰，佛氏之言，比之杨墨，尤为近理，所以其害为尤甚。学者当如淫声美色以远之，不尔，则骎骎然入于其中矣。（《论语集注·为政》篇）

佛教受到批判，是因为与杨墨之言相比看上去尤为近"理"，因此其害也更甚。

此外，关于"异端"，或被指出与《论语·子张》篇的"小道"有关系。所以，笔者在此预先对《论语集注》中的"小道"进行解释。

>小道，如农圃医卜之属，泥，不通也。○杨氏曰，百家众技，犹耳目鼻口，皆有所明而不能相通。非无可观也，致远则泥矣，故君子不为也。（《论语集注·子张》篇）

如此，在《集注》中，并未特别提及"小道"与"异端"的关系，"小道"的定义为"如农圃医卜之属""百家众技"。总之，因"致远"则泥，所以君子不为也。

二　伊藤仁斋《论语古义》

对朱子学的解释提出新说的是江户时代前期活跃在京都的伊藤仁斋（1627—1705）。

首先，仁斋认为"异端"之用语，为当时的"方语"，即俗语，意为物之端相异而无法合而为一。伊藤仁斋将此处理解为：学问当注力于根本，欲治其所异之端，只有害处而已。同时认为，后世不讲"道德仁义"，仅"记诵词章"，竞耀知识量的多寡，也属于攻（治）异端之类，纯属本末倒置。

此外，对于《集注》中将异端拟定为杨墨与佛教，仁斋认为异端之称古已有之，后人专指佛老之教为异端的说法有误，在孟子的时代，或称邪说暴行，或称杨墨之徒，但并未称之为异端。还批判说，佛老之教的危害尚在异端之上，其危害性在攻（治）之前就已存在了。

> 攻，治也。异端，古之方语，谓其端相异而不一也。言不力于根本，而徒治其端之所异，则无益而有害也。
> ○后世之学，不用力于道德仁义，而徒从事于记诵词章，争其多寡，较其短长，此亦攻异端之类焉耳。本末倒置，轻重易所。其害有不可胜言者也。
> ○论曰，异端之称，自古有之。后人专指佛老之教，为异者误矣。孟子之时，或称邪说暴行，或直称杨墨之徒。可见其时犹未以异端称之。若夫佛老之教，即所谓邪说暴行，而亦在异端之上。岂待攻而后有害邪。（《论语古义》为政篇）

在此，可见其独特的见解。其尖锐地指出了"异端"即为"方语"。那么，对于《子张》篇的"小道"，仁斋又如何解释？

> 小道，如诸子百家之属，是也。
> ○此言，小道多便于事，且见效速。故俗士庸辈，多悦为之。然致之于远，则泥而不通。故虽有可观者，君子不为也。（《论语古义·子张》篇）

如此，仁斋将"小道"作为"如诸子百家之属"，认为其有速效性（有可观者）而给予一定的肯定。但"致之于远"时则不通，所以君子不为。以"诸子百家"为媒介或可认为"小道"与"异端"相通。但是，仁斋并未直接明言此二者的关系。

三 荻生徂徕《论语征》

进一步提出不同观点的，是荻生徂徕。徂徕对该章做出了如下独特的解释。

"攻乎异端",古注"攻,治也。善道有统。故殊途而同归。异端不同归也"。异端虽无明解,与善道对言。故《正义》曰:"谓诸子百家之书也。"朱子因之,旁及佛老。然孔子之时,岂有诸子百家哉。且"攻,治也",本诸《周礼》"攻金之工,攻木之工"(《冬官·考工记》)。谓治而成□。故攻字可用诸学者,不可用诸道艺。故"治六经",古无是言。况有治诸子百家而成之之理哉。盖攻,如"鸣鼓攻之"(《先进》篇)之攻。异端,稽诸汉晋诸史,多谓人怀异心者。乃多岐之谓也。人之怀异心,遽以攻之,必至激变。故孔子诫之。异端字不它见。独见《论语》《家语》,而《家语》注:"犹多端也。"乃孔安国、王肃辈,必有此解。故诸史所用,依其解已。魏篡□①祚,以攻异端为务。何晏《集解》据序文,非何氏私书。孙邕、郑冲、曹羲、荀𫖮、何晏署名,则必奉魏帝敕而作者,如《正义》、明《大全》耳。故避时忌讳,特设新义。后儒不察,遂为定说。"也已"如"谓好学也已"。明祖(明太祖洪武帝)解"已"为"止"。此方学者,复有解"已"为"甚"者。皆可谓误矣。(《论语征·为政》篇)

此处最大的特色,是将"攻"作攻击之意。并指出《论语·先进》篇的用例:"鸣鼓攻之。"针对朱子学及仁斋将"异端"一语解释为诸子百家与佛老,徂来认为孔子的时代尚无诸子百家,其意并非为诸子百家,而是"怀异心者"。此说为迄今未见之新说。此外,徂来还认为随意攻击怀异心者,结果反会招致"激变",因此,孔子以此自戒。

对于"小道",徂来作如下论述。

---

① □,底本原缺一字,疑为"汉"字。

第一部分　怀德堂的汉学

"虽小道必有可观者焉。"朱注："小道，如农圃医卜之属。"得之。何晏以为异端。仁斋因之。然诸子百家，子夏之时所无。虽然，当今之世，诸子百家，应作如是观。虽佛老必可观者焉。(《论语征·子张》篇)

对于"小道"，徂徕肯定了《集注》的"如农圃医卜之属"说，对于何晏的"异端"说，他认为当时尚无"诸子百家"，因此加以否定。但现在，诸子百家也应作如是（作为小道）观之，佛老也必有可观之处，值得予以积极评价。

那么，大阪的怀德堂学派又如何看待徂徕之说？

四　五井兰洲的"异端"说

在由大阪商人于享保九年（1724）设立的私学"怀德堂"中，曾批判初代学主三宅石庵（1665—1730）的折中学风为"鹅学"。后由就任助教的五井兰洲（1697—1762）确立了严格的朱子学路线，之后，便将朱子学作为怀德堂的基本精神继承下来。

那么，兰洲又是如何理解该"异端"及"小道"的呢？首先来看其《质疑篇》。《质疑篇》为五井兰洲以汉文所著的随笔。后由弟子中井竹山、履轩兄弟校订，与兰洲的《琐语》一同由大阪的文渊堂、得宝堂于明和四年（1767）刊行付梓。① 本书篇首，有宽延三年（1750）兰洲自录的题言，称平日阅览中国的经史诸书，每遇疑问便各自记录，后加以整理，终成一篇。从该书中，

---

① 《质疑篇》的版本情况，如下所示。大阪大学"怀德堂文库"藏。一册，五井兰洲著，明和三年序，大阪文渊堂、德宝堂刊本。〔尺寸〕25.8cm×17.8cm。郭内19.9cm×13.4cm。但《刻质疑琐语序》（履轩著）的尺寸为19.6cm×13.4cm。《质疑篇序》（竹山著）的尺寸为20.9cm×14.4cm。〔版式〕左右双边，有界，9行20字。但《刻质疑琐语序》为左右双边，无界，5行10字。《质疑篇序》为左右双边，无界，7行13字。〔装订〕四针眼订法。全41叶。另，以下资料在引用之际，尽量忠实翻刻原文，但考虑到读者的阅读，将一部分文字改为通行字。

即可窥得兰洲的见解。

> 攻乎异端。异端,子夏所谓小道之类,与圣人之道异条贯。然亦一道,有可观者。攻,治也。范注,专治也。《周礼》,攻金攻木。是攻金者不攻木,攻木者不攻金,谓专为其业也。斯害而已,亦恐泥之意。治之欲措之国家大业,则拘泥有害矣。孔子之辞峻切,子夏之语较缓,皆欲使学者务为君子儒之意也。(《质疑篇》)①

兰洲认为,所谓"异端",即子夏所谓"小道"之类,首先明确指出了"异端"与"小道"的类似性。并指出,虽然异端与"圣人之道"相异,但也为一道,也有其可观之处。又比较《为政》篇的"异端"与《子张》篇的"小道",认为其区别在于孔子之词(异端)"峻切",而子夏之语(小道)"较缓",但在论述使学者务为"君子儒"一点上则相同。虽然"异端"为《论语》中仅此一处的特殊用语,兰洲仍重视其与"小道"的关系,对其意加以论述。

但此处,并未记录荻生徂徕的《论语征》的观点。以下,即对兰洲为批判徂徕所著的《非物篇》进行探讨。《非物篇》为五井兰洲的另一部主要著作,主要对荻生徂徕的《论语征》进行了批判。兰洲住在江户期间接触到徂徕的著作,便开始执笔本书,

---

① 另,对于本书,中井履轩在刊行《质疑篇》之际总结其中所存疑点,并质疑中井竹山的《质疑疑文》的文献也留在大阪大学"怀德堂文库"之中。《质疑疑文》为履轩亲笔所书的手稿本,其中随处可见竹山的朱笔旁记,从中可以窥知《质疑篇》在刊行之前的编著过程,为极为珍贵之资料。据此,对于"攻乎异端",中井竹山朱笔书写"异乎条贯,'乎'之字恐当削除",履轩墨笔书写"欲皆使学者,'皆'当在'欲'之上"。《质疑篇》的稿本未留在"怀德堂文库",兰洲的草稿的形成过程不明,但根据该《质疑疑文》的注记可知,在稿本中,本来"异条贯"为"异乎条贯","皆欲使学者"则为"欲皆使学者"。

兰洲去世四年后的明和三年（1766），由中井竹山校订誊清。①

> 非曰，皇疏曰："古人谓学为治。故书史载人专经学问者，皆云治其书治其经也。"是矣。《荀子》曰："治列子御寇之言。"《庄子》曰："治《诗》《书》《礼》《乐》《易》《春秋》六经。"徂来何以言古无是言也。攻训治者，犹训为也。《孟子》曰："固矣哉，高叟之为诗也。"治国亦谓之为邦。《周礼》，攻金攻木。是攻金攻者不攻木，攻木者不攻金。谓专为其业也。何必兼成器之义。人怀异心之说，可笑之甚。
>
> 彼又曰："孔子之时，岂有诸子百家。"孔子已前，亦可必其无乎。管仲老聃之伦，亦自立一家之言。其侘泯没名不传者，犹有在焉。安得以今不存遽断其无焉哉。（《非物篇》）

如上，兰洲考察了《荀子》《庄子》《孟子》等古文献的用例，认为"攻"为"治"之意，与"为"同训，因此否定了徂来释攻为攻击之意。此外，对于"异端"一词，徂来认为当时尚无诸子百家，但兰洲认为无法作此断定，因为当时既有先行于孔子的管仲、老子，又有一些无名的学者。

与《质疑篇》的观点相比，《非物篇》与徂来对决的姿态更为鲜明。迄今尚无研究明确指出《质疑篇》与《非物篇》的关系，但从以上分析可看出如下的前后关系，即兰洲首先在《质疑篇》中逐步积累对诸书的观点，其后，就《论语》部分，明确针

---

① 《非物篇》的版本情况如下。大阪大学"怀德堂文库"藏。3卷6册，五井兰洲撰，明和三年，中井竹山手稿，〔尺寸〕27.2cm×18.7cm。郭内 20.6cm×13.5cm。〔书式〕四周双边，有界，白口，使用黑鱼尾纸。10行20字。前后版心记有"（黑鱼尾）（篇名/叶数）怀德堂"。各篇仅在篇首记有篇名。〔内题〕"非物篇（序/卷数）"。〔外题〕书题签"非物篇"。封面直书"正编"。〔奥书〕明和三年丙戌长至日。〔装订〕四针眼订法。第1册（卷1～2）42叶，第2册（卷3～5）33叶，第3册（卷6～8）33叶，第4册（卷9～12）33叶，第5册（卷13～16）33叶，第6册（卷17～20以及附录）本文25叶以及附录17叶。

对《论语征》执笔写作了《非物篇》。①

五 《论语闻书》

总之，兰洲对徂来之说进行了全面批判。那么，该批判是否为兰洲的独到见解？以下，即对兰洲前后的怀德堂相关学者的观点进行探讨。

首先，兰洲之前相关《论语》的解释，有《论语闻书》。该书原为三宅石庵与五井持轩（1641—1721）的《论语》讲义，后由听讲者速记，并重新誊写成书。三宅石庵为怀德堂初代学主，五井持轩为五井兰洲之父。该书全六册，收录了《论语》全编的讲义。文章为汉字、片假名交杂的口语体，如实记录了石庵、持轩的口授内容。据各册末尾的识语可知，第一、六册记于宝永三年（1706），第二、三册为正德二年（1712），第四册为正德三年（1713）。此外，主讲之人，一至三册为五井持轩，第六册为三宅石庵。但第四册未记录主讲者姓名，第五册无识语。

讲义的誊录虽在怀德堂创立（1724）之前，但其时石庵与持轩已有深交。此外，持轩的门人们后投入石庵门下，与怀德堂的创设有较深的关系。因此，本书在了解草创期怀德堂的学问状况方面，也是极为珍贵的资料。讲义以朱子《论语集注》为教材，但或许因听讲者大半为大阪的商人，因此，讲义列举了初学者也易懂的实际生活中的例子，表现了其欲教化听讲者的姿态。

　　　　△子曰攻——改圣人之道立异道者云异端也。此上代既

---

① 《质疑篇》的有关《论语》条目，盖针对徂来的《论语征》。只是，因为并非引用徂来之说然后进行批判，仅一览《质疑篇》，尚难以理解兰洲的真意。对此，《非物篇》则是先引用《论语征》的相关论述，然后再进行批判，因此，可明确读取与徂来说之间的相违。而未直接言及徂来说的本条，在《质疑篇》的《论语》相关条目当中，也可以说是稍显特殊的一条。关于"异端"，兰洲对徂来的批判，将在之后的《非物篇》中详细论述。

有也。人生来有别，故不知圣人之道而逸入旁道者为异端也。有违尧舜之道者皆云异端也。异端各有不同。盖行有违尧舜之道者为异端也。人生来见识不同，故误解圣人之道时即为异端也。今时之儒者亦多异端。虽自身认定为善且付诸行动却为异端也。

　　□如杨——孔子所云异端非云杨、墨。乃云杨墨如彼者也。

　　□其率——此见于《孟子》。如杨、墨若此则既无天下之君亦无父也。

　　□程曰——佛氏亦虽为异端，然来唐迟于孔子。故处圈外。然异端有浅深。佛氏深于道理。近于理故害甚也。所云同圣人之道故有大害也。似甚则害深也。似甚则人易误解也。

　　□学者若至圣贤则已。然学者见识未定故愈行愈远。易陷佛氏也。

　　□不乐——愈行愈远之时，易投佛氏之学也。淫声美色为学者之大戒者也。时为学者，远佛氏异端，无如远淫声美色，苟云欲学之见之，彼时其说近道理似圣人之道，故闻其说如快马加鞭愈近佛氏之学，愈近则愈有害也。故学者当严禁之远之也。（《论语闻书》第一册，《为政》篇，五井持轩讲，宝永三年八月十六日，加藤信成书）

以上为兰洲之父五井持轩的讲义。持轩认为，"异端"并非直指"杨墨"，"杨墨"仅为示例而已。此外，佛教虽也为"异端"，且迟于孔子，但异端也有深浅，佛教道理深奥，近于理，故有类圣人之道之处，反有大害。似是而非，其害也深，因缺乏己见的学者极易听信佛教，所以当远之为善。

由此可见其对佛教的独自立场。那么，对于"小道"，《论语闻书》又记录了怎样的讲义内容？

　　△子夏曰虽致——致之于远也。然泥沼难涉反无以至远也。即使尾随前驱也，必当如行邪道需定睛细看。然与君子之大道相违，小道狭小，故无如大道可适各方也。小道涉远则易堵。譬若看医，诊脉云此药为善时，然卜之却云此药为凶。此即为瘔。故病当请医，问吉凶则当请卜者也。

　　●小道——云农家、圃家。见于汉之《艺文志》。许行何以农为道也。虽皆各有道理，但之后却将于整体微不足道者主张为道。其实为道之端也。其后又续尾以为整体也。医不过治病之技而已。卜不过占吉凶之技而已。（《论语闻书》第六册，《子张》篇，三宅石庵讲，宝永三年暮春十七日，加藤信昌书）

《论语闻书》第六册《子张》篇的讲师为三宅石庵。在此，石庵并未提及"小道"与"异端"的关系，并认为，虽然小道也有可圈点之处，但毕竟异于君子之大道，因小道狭窄，未如大道应用范围之广阔。例如，朱子《集注》中也举例医、卜与农，领域迥异，各有其分，却无法超越。该论对"小道"的观点颇为妥切，但却完全未提及与"异端"的关联性。

由此可见，兰洲将"异端"与"小道"紧密结合的观点，并非受到怀德堂初代学主三宅石庵的影响，进一步而言，有可能是从父亲五井持轩的讲义中受到了启发。

六　竹山与履轩

那么，兰洲的弟子们又是如何看待兰洲如此独特的观点呢？以下对兰洲的弟子，后为怀德堂第四代学主的中井竹山（1730—1804）的观点进行分析。

竹山的《论语》解释，总结在《非征》一篇，该篇与兰洲的

《非物篇》同时刊行。据此可知，竹山较兰洲的立场更为鲜明，他对徂徕展开更强烈的批判。

○攻乎异端章

非曰，徂徕好旁引曲证。……独是章，唯曰稽诸汉晋诸史，而未尝举一语以证。……如解以怀异心，皆不通。(《非征・为政》篇)

中井竹山认为，徂徕有"旁引曲证"之癖，关于该章，徂徕称基于"汉晋诸史"，却未尝举一语例证，因此"怀异心"的解释不通。徂徕称，"攻"为攻击之意，并将"异端"解为"怀异心"，但如此理解不大可能符合孔子原意。

此外，关于"小道"，中井竹山也对给予佛老一定肯定的徂徕进行了批判。

○虽小道章

非曰……徂徕既从朱注，又插入佛老，盖袭谢氏之误也。(《非征・子张》篇)

在此，竹山认为，徂徕从朱子《集注》，更称佛老亦为可观的"小道"，乃是承袭谢佐良之误，对其进行了强烈批判。如此对佛教的批判，也见于《论语闻书》，这可以认为是怀德堂学派的一个特色。①

那么，作为竹山之弟的中井履轩（1732—1817），其观点又如何？履轩的《论语》解释，始于《论语雕题》《论语雕题略》，完成于《论语逢原》。

○子曰，攻乎异端，斯害也已

---

① 去除《论语》解释的大框架之后，该点更为明了。后述的中井履轩有《水哉子》之书，其"异端篇"将老子及佛教作为异端，并进行了论述。此外，履轩弟子山片蟠桃的《梦之代》中也有"异端篇"，明确将佛教作为异端进行批评。

攻比于治，稍有费力之意。如斯而已。注专治，未允。异端，便是害矣。不必待专精也。

自今睹之，佛氏之学，绝无近理者，或更远于杨墨矣。程子以为近理者，何也。盖宋儒所谓佛道者，指禅法，而禅又佛中之异端矣。非佛之本法。宋代禅法盛行，学士大夫皆坠于其槛阱，虽程门诸子，多不免焉。是一世之风习矣。

一说，攻是攻击之攻，谓排击之也。言排击异端者，非徒以异端乎吾也，特以其害道害人心而已。程子有言曰，道之不明也，异端害之也。害字与此正同，此说亦通。张吕谢杨诸子，皆以攻击为说，但解害与此不同。（《论语逢原·为政》篇）

履轩首先认为，"攻"较"治"有略为费力之意，《集注》作"专治"不妥。

此外，对于"异端"与佛教，履轩还提出了虽佛教绝非近理，但程子却为何认为其近理的问题。履轩认为，宋儒所谓佛道，是指禅宗，禅为佛教之异端，非佛之本法，禅盛行于宋代，因此程子也未能免其弊害。

履轩在指出"攻"与"治"之微妙区别的同时，重点批判了宋儒与佛教的关系。另外履轩认为将"攻"释为攻击之意也可备一说，且并未特别言及徂徕之说。其兄竹山对徂徕的严厉的批判，履轩则毫不关心。或许他认为，兰洲及竹山已对徂徕进行了充分的批判，所以他未置一词，但绝非表示他与兰洲及竹山的立场有异。

此点，可通过以下"小道"的解释得以明确。

　　〇子夏曰，虽小道，必有可观者，致远恐泥，是以君子不为也。

> 小道，谓异端。诸子百家是也。农圃医卜，包在其中。（《论语逢原·子张》篇）

在此，履轩认为，"小道"为"异端"，为"诸子百家"，朱子《集注》中所例示的"农圃医卜"也包括其中。明确将小道与异端、诸子百家相关联，可以说这正是兰洲以来的怀德堂学派的特色所在。

因此可以说，兰洲明确批判徂徕的立场，也被其弟子竹山、履轩所继承。对于怀德堂学派而言，所谓"异端"及"小道"，即指诸子百家，同时也意味佛教。此外，虽未明言，但对于怀德堂学派来说，最大的"异端"无他，即是宣扬异说的徂徕。①《论语闻书》中"今时之儒者亦多异端"之言，便是对其的暗示。

另外，履轩还留有器物"圣贤扇"，以上观点，或也反映在该扇之中。

中井履轩将历代圣贤及学者之名以朱笔书于扇子正面，在其背面，则将诸人比喻为酒加以"酿评"。圣贤扇原物佚失无存，后文政三年（1820）由履轩之子柚园书写的仿品还留于"怀德堂文库"中。

扇文中，履轩将孔孟的正统儒学奉为"伊丹极上御膳酒"，但对汉代以降的儒者，尤其是对宋明儒者的评价却逐步降低，并

---

① 对徂徕的批判，徂徕学派也进行了反驳。藤泽东畡的《辩非物》，便是对五井兰洲《非物篇》进行反驳之书，在该书"攻异端章"中，东畡对徂徕说进行了辩护，并进一步论述如下："'异端'谓异见也。盖人各有其见，见各别其端。而苟与己异见者，乃断断攻之，或至削小吾道之区域。此竭力攻之，无其功而生其害也已。"即，将"异端"定义为"异见"（与自己观点相异者），认为异端也有其可取之处，应当包容并使其留有余地。若一味攻击，则吾道愈窄。详见矢羽野隆男：《泊园书院の〈大学〉解释——徂徕学の继承と展开と》，《中国研究集刊》2014年第59号。

且对儒家以外的老庄及佛教、神道予以严厉批评[①]，另外，还酷评荻生徂徕及太宰春台为"杀鬼酒"（极差的酒）。可以说，该扇文彰显了履轩对诸学的态度，尤其是其反徂徕的立场。

结　语

本篇以怀德堂学派为中心，探讨了日本儒学学者们对于《论语·为政》篇的"攻乎异端，斯害也已"的各自的立场。特别是荻生徂徕对于传入日本的朱子学进行了批判，而怀德堂的五井兰洲，则从拥护朱子学的立场对徂徕关于"异端"一词的解释进行了严厉的批判，而该立场，其后又被其弟子中井竹山及履轩继承下来。

本来，对于当时的日本儒者而言，所谓"异端"，首先是指佛教。然而，《论语》中的"异端"，在中国春秋时代，本来并没有包含佛教之意。佛教传入中国及日本后，在其与儒教的对立逐步加深后，才被当作"异端"。《论语》该条中的"异端"，先为诸子百家，后为佛教，后世注释者不同，其所指也发生了变化。对于怀德堂学派诸人而言，比诸子百家及佛教更为警惕的实为徂徕学派，并对此"异端"做出反应。"异端"不单为《论语》的用语之一，同时也成为显示自身学问立场的一个重要词语。

（《怀德堂研究》第 7 号，2016 年 2 月，第 3~17 页）

[①] 在此，履轩将佛教与禅宗分开评述，认为佛教为"珍陀酒"（赤葡萄酒）而受夷狄喜爱，而禅，则为"烧酒"，"毕竟为毒"。目前，相关部门已对"圣贤扇"进行了资料数字化，并在大阪大学文学研究科怀德堂研究中心运营的网站"WEB 怀德堂（http://kaitokudo.jp/）"上进行了公开。

孔子的梦
——怀德堂学派的《论语》注释

序 言

　　享保九年（1724），诞生于大阪尼崎一丁目（现在的大阪市中央区今桥三丁目）的怀德堂，是由五位豪商共同出资经营的独特的学塾。

　　由于初代学主三宅石庵具有杂学的倾向，因而其学问一度被评价为"鹤学"，后来，由锐意进取的助教五井兰洲确立了朱子学的基本路线。到了五井的弟子中井竹山、中井履轩兄弟的时代，怀德堂的盛名甚至凌驾于江户的昌平黉之上。怀德堂充分体现了反映自治都市大阪特色的合理精神及批判精神，怀德堂也培养了众多英才，如独具现代思想的著名商人学者富永仲基、山片蟠桃等。

　　本书为了进一步考察怀德堂学派的思想特征，将以《论语·述而》篇"甚矣吾衰"一章为主，对怀德堂的《论语》注释进行探讨。① 在《论语》中，该章是唯一涉及孔子对"梦"进行论述的一章，在中国思想史上的圣人论、命运论、精神论等观点上，

---

　　① 以同样主旨探讨《论语》的，有《怀德堂学派の〈论语〉注释——泰伯篇曾子有疾章について》（汤浅邦弘、寺门日出男、神林裕子、石飞宪，《中国研究集刊》第 29 号，2001 年）。

向来引人瞩目。

作为立论的前提，本篇首先对本章的古注系列以及新注系列的代表观点进行阐述，之后，依次对怀德堂学派主要的《论语》注释进行探讨。在此过程中，还涉及与怀德学派的思想形成密切相关的伊藤仁斋、荻生徂徕的解释。

一、古注系列与新注系列的解释

子曰："甚矣吾衰也，久矣吾不复梦见周公。"

对上引《论语·述而》篇中所记述的孔子言论，古注系列的观点如下。

①孔（安国）曰：孔子衰老不复梦见周公，明盛时梦见周公，欲行其道也（《论语集解》所引孔安国语）。

②《正义》曰：此章孔子叹其衰老，言我盛时尝梦见周公，欲行其道，今则久多时矣，吾更不复梦见周公，知是吾衰老甚矣。（《论语正义》）

其中，①为《论语集解》所引孔安国之说，②为刘宝楠《论语正义》之说。两者均将其解释为，该梦为孔子实际所做之梦，孔子称因衰老而不复做此梦。而且，除孔子声称不再做此梦以外，两者都在强调孔子在年轻时常常梦见周公，这是两者的共同之处。

对此，新注系列的解释，在对作为前提的"梦"的理解上，与古注系列具有根本的分歧。

①故李充曰：圣人无想，何梦之有？盖伤周德之日衰，哀道教之不行，故寄慨于不梦，发叹于凤鸟也。（《论语义疏》所引李充语）

②孔子盛时，志欲行周公之道，故梦寐之间，如或见之。至其老而不能行也，则无复是心，故因此而自叹其衰之

甚也。(《论语集注》)

　　③程子曰：孔子盛时，寤寐常存行周公之道。……盖存道者心，无老少之异；而行道者身，老则衰也。(《论语集注》所引程子语)

①为皇侃《论语义疏》中所引李充之说。李充认为，"圣人无想"，不会做"梦"，而且，本章的"梦"是为感叹世上正道不行，而使用的一种修辞手法。

②③为《论语集注》中所见的朱子、程子之说。朱子认为，年轻时代的孔子欲实现周公之道，对于周公旦，"梦寐之间，如或见之"。程子也认为，孔子"寤寐常"思周公。两者均认为，本章的"梦"，并非孔子实际所做之梦。即，古注系列认为该梦为实梦①，而新注系列则认为，该梦为一种修辞，为"无论昼夜时时刻刻之意"，欲剥离孔子与实梦的关系。

新注系列的观点，受到了中国的道家思想及佛教思想，抑或中国医学思想的影响，对此，已有学者进行过论述。② 道家将最高的精神境界比喻为"明镜止水"。伟大的圣人，觉醒时毫无忧患，睡眠时精神也不会动摇，因此不会做梦。此"至人无梦"说，认为梦反映了精神的动摇，基本上对梦的价值不予认可。另外，佛教也认为，梦与实（真）相互对立，论述了世界即为"梦幻"的世界观。佛家认为梦即为虚、即为伪，而对其价值加以否定。此外，在中国的传统医学中，病与气具有紧密的关系，在此前提下，梦被认为是内脏之气散乱，即病的先兆。在《内经》中，还就梦的内容与五脏病状的关系进行了说明。

---

　　① "实梦"一语为笔者所造之语。从其内容后来得以实现的意思上恐将其误解为"预兆梦"，因此，此处用作孔子实际所见（据传）之梦的意思。
　　② 参看拙稿《孔子と梦と天命と——〈论语〉甚矣吾衰章解释と儒家の梦观》(《日本中国学会报》第四二集，1990年)，以及《孔子の梦と朱子学の梦论》(《岛根大学教育学部纪要》第二四卷第一号，1990年)。

在或多或少受到了以上传统观念影响之后而成立的朱子学中，在是否将该梦解释为孔子实际做过的梦上，也踌躇不已。

二、中井履轩

那么，在以朱子学为基础的怀德堂中，对孔子的该段言论，又做何理解？首先，笔者将留下丰硕经学研究成果的中井履轩之说整理如下。

中井履轩，为怀德堂第二代学主中井甃庵的次子，也是后来成为第四代学主的竹山之弟。竹山作为怀德堂学主成就卓越，而履轩则后来离开怀德堂成立了私塾水哉馆，积累了丰硕的经学研究成果。履轩最初的经学研究，是在既存的文本栏外添加自己的学说（《七经雕题》），后经过进一步整理（《七经雕题略》），最终写定为《七经逢原》。

《七经雕题》中的《论语雕题》（下文简称《雕题》），以三刻两钱堂刊朱熹《集注论语》十卷为底本，栏外有履轩的注释①。

　　①至人无梦，元是老庄家之言，无足取者，何必回护于思梦。

　　②夫子叹衰，言不复梦见，可知未衰之前，实屡梦也。注■■如或■■见之句②，似非梦非觉，仿佛见之者，难从。夫梦非实，然就梦中言之，见者实见之也，焉得如或之解。程说亦不可采入。

　　③存道岂亦无老少之异乎哉？若云盛衰之异无病也。

---

① 以下，在释读之际，以大阪大学"怀德堂文库"所藏《论语雕题》为底本。其版本情况如下。十卷二册。〔尺寸〕外形 23.5cm×13.7cm。郭内 12.0cm×11.3cm。〔版式〕四周单边。无界。九行十七字。序低一格，一行 16 字。注为双行 17 字。

② 文中墨丁，底本即如此，今亦无法据上下文判断抹去者为何字。为保存文献原貌，今一仍其旧。

④朱子云：程子之意，盖嫌于因思而梦者，故为此说。其义则精矣，然恐非夫子所言之本意也。

⑤若徒玩味道德，古圣亿多，何必特悬周公。

在①中，履轩指出，"至人无梦"的立场原出自"老庄家之言"，对程子之说进行了批判。在②中，与古注同样，认为从孔子之言反而"可知未衰之前，实屡梦也"，批判了朱子的"如或见之"的暧昧立场。③对"存道岂亦无老少之异乎哉"的程子之说进行了批判。老少的年龄差异不可忽视，认为应该说"盛衰之异"。④对以程子之说"嫌于因思而梦"的朱子进行了批判，认为其恐非孔子本意。⑤则稍显唐突，强调了孔子之梦的形成乃因孔子思慕周公旦而欲再兴周道的志向所致。

如此，《雕题》的注释，始终否定新注的立场，尤其是程子之说。

《雕题》之后的《论语雕题略》（以下简称《雕题略》）又如何？在《雕题略》中，可见如下注释。①

①是夫子自叹身之衰也，即所以叹世之衰。

②叹衰，言不复梦见，可知未衰之前，实屡梦见也。注如或见之句，似言非梦非觉，仿佛见之者。恍兮惚兮，仿佛见之，恐未稳。夫梦非实际也，然就梦中言之，见者实见之也，焉得如或解？程注尤不贴本文。

③至人无梦，元是老庄家之言，无足取者，何必回护于思梦。

④朱子曰：程子之意，盖嫌于因思而梦者，故为此说。

---

① 释读以大阪大学"怀德堂文库"所藏《论语雕题略》为底本。其版本情况如下。二册，中井履轩撰手稿本。〔尺寸〕外形 23.0～24.2cm×16.0～16.8cm。郭内 18.6cm×12.5cm。〔书式〕四周单边，使用无界纸。9 行，行 20 字。〔版心〕白口。无鱼尾。横一线。仅各篇开头以蓝笔书写篇名。

其义则精矣，然恐非夫子所言之本意也。

①认为，孔子感叹自身肉体之衰，实则感叹世之衰退，该观点已见于《论语义疏》引李充之说中。②③④的内容，则分别相当于《雕题》的②①④，主旨也无较大变化。只是，②的"程注尤不贴本文"之言，在批判上更为强烈。另外，《雕题》的⑤，在《雕题略》中则被省略。

那么，被称为中井履轩《论语》注释之集大成的《论语逢原》（以下简称《逢原》）又如何？在《逢原》中，履轩则将其整理为以下四条注释①。

①此夫子自叹其身之衰也。叹身，即所以叹世。

②叹衰而曰不复梦见，可知未衰之前，实屡梦见也。注如或见之，似言非梦非觉，恍兮惚兮，仿佛见之，未稳。夫梦非实际也，然就梦中言之，见者实见也，焉得如或之解。

③至人无梦，元是老庄家之言，无足取者，何必回护于思梦？程注尤不贴本文。

④存道者心无老少之异，此失于辞，老少岂无异乎哉？若言无盛衰之异，则可。夫子每言，吾从周。盖夫子之所期，在周家制度也，故念之深于周公矣，梦之不亦宜乎？若徒玩味道德，古圣不少，何必周公。

首先，①相当于《雕题略》之①，②相当于《雕题》之②及《雕题略》之②。虽然内容均相近，但还是可以看出在注解用语上的推敲痕迹。履轩在②中认为，由孔子的"不复梦见"之言，便可知"未衰之前""实屡梦见"。另外，还对朱子的"如或见

---

① 释读以大阪大学"怀德堂文库"所藏《论语逢原》为底本。其版本情况如下。中井履轩撰手稿本。〔尺寸〕外形 24.5cm×16.0cm。郭内 18.3cm×12.4cm。〔书式〕左右双边，使用有界纸。9 行，行 20~23 字。注低一格以小字书写，每行 25~30 字。〔版心〕白口。无鱼尾。横一线。仅各篇开头以朱笔书篇名。

之"的注释进行了批判,认为该注释似言"非梦非觉,恍兮惚兮,仿佛见之",实为不当。即,朱子的解释运用了"如或"的暧昧表达方式,未明言此梦为实梦,因此无法认可。

其次,③则相当于《雕题》的①及《雕题略》的③。履轩认为,"至人无梦"之说原为"老庄家之言",不足取,并对明确否定了孔子与梦之关系的程子之说进行了严厉的批判,认为"程注尤不贴本文",沿袭了《雕题略》之言。

④则综合了《雕题》之③与⑤。在此,履轩对圣人之心无老少之别的程子之说进行了批判,认为若言"盛衰之异"尚无不可,不承认"老少之别"乃是误解。可见该观点虽在《雕题略》中省略,但又在《逢原》中重新提出。

此外,见于《雕题》及《雕题略》,而在《逢原》中被删除的部分,为《雕题》之④,相当于《雕题略》之④。该部分内容,对以程子之说"嫌于因思而梦"的朱子进行了批判,认为其恐非孔子本意。之所以将其删除,是因为在包括《雕题》③与⑤的《逢原》④中,已经实现了其论述的主旨。

如此,在《雕题》《雕题略》《逢原》中,虽存在若干差异,但在基本观点上并无变更,如实反映了履轩的注释逐步完善的过程。其注释中所体现的,是对新注系列解释的一贯的批判。履轩的学说,虽然是以朱子学为基础的,但他在对经书的理解上却保持了一种客观的态度。从其注释上,也可见其对程子及朱子之说毫无忌惮的批判。①

---

① 不过,履轩现在还有一个"梦"的世界。其书斋名"天乐楼"以"华胥国王"的自称,以及《华胥国物语》《有间星》等所描述的梦的世界,均反映了这一点。关于此点,特索·纳吉塔(Tetsuo Najita, 1936—)在《怀德堂——八世纪日本の"德"の诸相》(子安宣邦译,岩波书店,1992年)中认为,"'梦'对履轩而言,是为了守护古人的知识自律性而构建的空间,它是一个虽然现在完全不具备现实性,但终究会实现的一个理想。"

然而,对于一向标榜自身为朱子学派的怀德堂学派,如此严厉批判宋儒之说的现象,又该如何理解?这是履轩将合理精神极度发挥的特异现象,还是反映了怀德堂学派一贯的基本立场?

为确认此点,必须先探讨怀德堂学派极为关心的两种学说。

三、伊藤仁斋

《论语古义》为伊藤仁斋《论语》研究的集大成之作,我们首先来探讨探讨他的说法①。

> ①此门人常见夫子贤尧舜,而今闻其思慕周公,如此之甚,有窃异之心,因知其慕古之笃、好学之深也。盖夫子壮时,切欲行周公之道于天下,故夜梦屡见之。及乎其老,无复是梦,而自知其衰之甚,盖叹此道之不行于世也。
>
> ②梦者心之动也。夜之所梦,乃昼之所思。人心不能无思,则不能寐而无梦,虽孩儿无知亦必有之,但圣人无邪梦耳。后儒惑于庄周至人无梦之说,以夫子之梦,为寤寐常存行周公之道。

仁斋的立场,基本上与古注系列的解释相同。仁斋在①中认为,由无复是梦的孔子之言进行逆推,可知壮时的孔子如何"思慕周公",即可理解孔子的"慕古之笃,好学之深"。因"切欲行周公之道于天下",所以"夜梦屡见之"的解释,与古注系列的解释完全相同。但"无复是梦"的孔子所感叹的,不仅是自己的老衰,还有道之不行于"世"。此点,与李充之说相同。

此外,仁斋之说的特色,可见于②。在此仁斋断言,"梦者心之动也","夜之所梦,乃昼之所思"。而且认为,人必有思虑,因此夜有所梦是理所当然,欲分离孔子与梦之关系的"后儒"之

---

① 资料引用,据《四书全书》本。

说，乃是受道家"至人无梦"说迷惑的愚论。对于认为人心为"活物"的仁斋来说，这种"梦"的观念是理所当然的存在。但是，仁斋或许还是认为梦是荒唐无稽的，有时还会出现淫乱可耻的内容，所以又附记有"圣人无邪梦耳"。仁斋认为，既然梦反映的是通常之心，那么小人会有小人之梦，而圣人则会做圣人之梦。

仁斋之说与前述履轩之说基本类似。那么，是否可以认为履轩对"梦"的观念，乃是仁斋之说的延续？对此，还需要通过对另一位大儒荻生徂徕之说的研究进行确认。

四、荻生徂徕

《论语征》为荻生徂徕《论语》研究的集大成之作。其颇具锐意的观点，在中国的清朝已有高度评价。在《论语征》中，荻生徂徕对于孔子之梦施以如下注释。①

> ①孔子生于周之衰，志于制作，又人臣也，故梦周公，明王不作。孔子五十而知天命，故曰吾衰也。天命不至，天使孔子衰，益知天命之不复至也。故曰：甚矣久矣。程子曰：寤寐常存行周公之道，是其意。寤则思，寐则梦，未尝以为无梦也。仁斋先生乃谓惑于庄周至人无梦之说，是果何所见也。
>
> ②世人多谓昼之所思，夜则为梦，殊不知昼之思，思而已矣。夜之思，乃为梦焉。多思虑者多梦，其心惯乎动故也。……或有昼之所思，滞而为梦者，然不必皆尔。

首先，若就与新注系列解释的关系而言，徂徕为了与批判宋儒的仁斋对抗，在①中为程子之说进行了辩护。即，徂徕认为，

---

① 资料引用：据《荻生徂徕全集》（みすず书房）所收的《论语征》。

"寤寐常存行周公之道"的程子之说,"寤则思,寐则梦"乃是其真意,绝非在强调"无梦"。从"仁斋先生乃谓"云云的指名批判上,也明确可见与仁斋的对抗意识。① 另外,徂徕在②中论述梦与心的紧密关系这一点上,与仁斋相似,但是,对于仁斋"夜之所梦、乃昼之所思"(《论语古义》),将两者关系进行简单关联的观点,徂徕则认为,虽然"昼之所思,滞而为梦",但并不存在一定的法则。可见,徂徕对于梦与心的关系更为慎重。

关于徂徕的解释,怀德堂学派又是如何看待的?若考虑到中井履轩对程子及朱子之说进行过批判,那么,对程子之说进行辩护的徂徕之说理所当然应该受到批判。

不过,从大阪的儒者井狩雪溪(?—1766)在《论语征驳》中"徂徕之于宋儒更甚"的论述来看,徂徕关于梦的观念似乎存在问题极大。雪溪为何认为徂徕之说的问题甚于宋儒?

其原因在徂徕之说①中可见,这主要缘于孔子与天命的关系。

生于周王朝衰退时期的孔子,身为"人臣",却志在"制作",遂"梦见周公",但"明王"不兴,梦也无法实现。因此"五十而知天命"的孔子感叹"吾衰也"。"天命"终不至,天却令孔子衰老,孔子终于觉悟天命之不至,而感叹"甚矣久矣"。

如此,徂徕的解释,便提出了孔子在与天命关系上的一个重大问题。徂徕在《弁名》中,对"五十而知天命"进行了更为直率的表述。②

> 孔子言"五十而知天命"。可知天命孔子为后代传先王

---

① 对于《论语征》整体上的这种认识,正如中井竹山《非征》中所指出的那样,"非曰:吁嗟!徂来(徕)物氏。学术之病,其症在自大奸名;其因在欲压倒仁斋伊藤氏"。

② 资料来源:据日本思想大系《荻生徂徕》(岩波书店)。

之道。……孔子学先王之道，以待天命。五十未至爵禄。故天命之所以，不在道行于当世，而在于以此传后世知耳。如其不然，孔子之知天命，何需待五十乎。(《弁名》下"天命帝鬼神")

已有研究指出，徂徕将孔子视作"传先王之道于后世"的传达者。①"五十未至爵禄"的孔子，已自觉天命。即并非为自身"于当世行道"，而是将自己学到的"先王之道"传于后世。

在徂徕看来，则《论语》此言，也应该是孔子在自觉天命后的深深叹息。此观点有可能从根本上动摇在孔子为无冠圣王的前提下构筑的经学体系。徂徕关于"梦"的观念，直接来看，是与仁斋对抗而为程子之说所做的辩护，而徂徕在孔子与天命的关系上对梦进行解释一点上看，则孕育了摧毁朱子学基础的危险性。

在此前提下，我们再重新来审视下文怀德堂学派的解释。

五、《论语闻书》

《论语闻书》是三宅石庵、五井持轩在讲授《论语》时，由听讲者速记内容，后誊写而成的（汉字片假名混合文）。三宅石庵为怀德堂的初代学主，五井持轩（1641—1721）为五井兰洲（竹山、履轩之师）之父。文本共六册，收入了《论语》全书的讲义。根据各册末尾的识语，第一、六册的笔记时间为宝永三年

---

① 此点，有学者从徂徕的"天命"观、"圣人"观的角度进行过阐述。例如，若水俊在《徂徕とその门人の研究》（三一书房，1993年）中指出，"作为天命，孔子不得不停留在教育者的身份上"。陶德民在《怀德堂朱子学の研究》（大阪大学出版会，1994年）中认为，"对于将道作为圣人作为之所产的徂徕而言，所谓天命，本来便与道无关，且其'天命'，如《中庸》首章中所说，并非普遍的天命，而是仅有'王公'才可接受的"。另外，特索·纳吉塔认为，"徂徕认为，孔子的'五十而知天命'，是觉悟到未能就涉及政治影响的地位——'不能当制作之任'之意。此时，徂徕将其与自身的命运进行了比较"，认为徂徕从孔子身上看到了自身的命运。

（1706），第二、三册为正德二年（1712），第四册为正德三年（1713）。此外，第一至三册的宣讲人为五井持轩，第六册为三宅石庵。但第四册未记载讲授者之名，第五册无识语。因为《述而篇》收录在第三册，因此，问题所在部分，正为五井持轩之言。

虽然该讲义的讲授时间为怀德堂创立（1724）之前，但彼时石庵与持轩已有深交。而且，持轩的门人们后来成为石庵的门生，也与怀德堂的创立密切相关。因此，该书在了解草创期怀德堂的学问状况方面，是一部极为宝贵的资料。或许是因为听讲者大半为大阪的商人，因此，虽然讲义是以《论语集注》为课本，但举例却多来源于实际生活，易于初学者理解，着重于对听讲者的教化作用。

对于"述而第七"这一篇题，持轩首先总评道："此篇……多孔子之谦退之辞"，对于"甚矣吾衰"章，持轩进行了如下的讲授①。

> 子曰甚矣——孔子年少至中年时，一心致力于周公之道的复兴与重建，平日只思行周公之礼法。因不断如此思念，故朝日梦见周公。践行周公之道。周公远早于孔子，然心中深切思念，故得以见之。欲行道于天下之心盛，则可常见。孔子年迈后，行道之心渐薄，因而不得常见于梦中，终于不复梦见周公旦。年少时思念心盛，故得以常见；然年老之后，觉悟道不行于天下后，遂退而归鲁，不复有治天下之心，故不复梦见周公。

持轩将梦看作了孔子之心的问题。孔子从"年轻"至"中年"，一心想"致力于周公之道的复兴与重建"。因孔子"思念"

---

① 释读以大阪大学"怀德堂文库"所藏《论语闻书》为底本。原本的版本情况如下。全6册，五井持轩、三宅石庵述，加藤信成等笔记，正德三年（1713）吉井克斋等净书。〔尺寸〕外形 23.1cm×15.6cm。使用无郭无界纸。

"平日思念""心中深切思念",才得以在梦中"常见"周公。但等孔子"年迈","觉悟道不行于天下"引退于鲁时,"思行道之心""渐薄",其结果,便是对周公"不得常见于梦中"。持轩通过如此解释,将该梦与孔子再兴周道的意志联系在一起。

另外,持轩从文本或朱注中截取部分语句,加以如下说明。在此且以①~⑨来表示。

①久——年少时常见。其后则偶见,至最后不复梦见周公,其思道之志甚衰也。衰不至甚则可偶见。此即衰之甚,志衰之甚也。

②孔子——盛——年少血气方盛时。

③如或——如目睹一般思念周公旦。

④无复——无思道不行于天下之心,故不复梦见。常思行周公之道故,故得以梦见。

⑤周此——因久不梦见。

⑥程曰寤——醒睡之间不断思念行周公之道。

⑦及——年迈之后,血气衰弱,故思念也衰弱,无如年少之际。

⑧不可此——云不成也。云志虑衰弱,故思虑亦迟缓。例如人年少时一心向往江户,而年迈腿衰之后,便逐渐灭却了向往江户之心。

⑨存——吾身行道,并无老少之差异。圣人年越长德越馨。治人治天下年迈无妨。

这些均按照以上的解说,对主要语句进行说明,仁斋及履轩均认为朱子对"如或"的解释存在问题,解说③正是进一步明确地进行了解说,"如目睹一般思念周公旦"。另外,持轩对于程子之说,也与徂徕同样,加入了"醒睡之间不断思念行周公之道"的解说,明确了该梦为实梦。

另外，⑧以易懂的事例对本篇的主旨进行了解说。认为梦的消亡是因为"志虑"的衰减。例如，"人年少时一心向往江户"，但"年迈腿衰之后便逐渐灭却了向往江户之心"。但是，"圣人"与凡人不同，⑨中认为"圣人年越长德越馨"。

如此，持轩认为，"圣人"孔子年少之日的"志虑"，以周公旦之梦的形式表现出来，但孔子也无法战胜肉体的衰亡，因此其"志虑"也逐渐衰退，并以梦与孔子"志虑"的关系进行了说明。持轩将程子之说解为"醒睡之间"，醒则思、睡则梦的观点等，与徂徕之说类似，但却并未触及徂徕所论述的"天命"问题。从此点上，也可以看出《闻书》的特色所在。

六、中井竹山

作为怀德堂第四代学主而构筑了怀德堂黄金时期的中井竹山，也对该梦怀以极大的兴趣。汇集竹山书简而成的《竹山国字牍》卷上中，有"甚矣吾衰也之章旨"（答松藩谷某）文，记载了以下的梦观念。①

①在梦方面，前辈均无甚高见。拘泥于至人无梦等庄子之妄言，则梦见周公之难解处甚多。此章中引程子之说处也有梦寐见周公等，然并未直接言梦，解释敷衍。释梦即当言梦，不应敷衍搪塞，先当对梦仔细考究。

②大凡人身睡则心亦睡。心醒则身亦醒。然亦有心睡而身醒，或寐言，或起身喧嚣，翌日则毫无记忆，除儿童外亦甚多。俗云睡迷糊是也。又有身睡而心独醒者，是为梦也。

---

① 释读以大阪大学"怀德堂文库"所藏《竹山国字牍》为底本，同时，参考了明治四十四年（1911）刊行的《怀德堂五种》中的翻刻。原本的版本情况如下。《竹山先生国字牍》全9册、中井竹山撰，天明二年手稿本。〔尺寸〕外形24.3cm×16.6cm。郭内18.7cm×12.5cm。〔版式〕左右双边，有界，白口，使用线鱼尾纸。9行，行25字。仅各册的目录部分使用无郭无界纸。

故往来他所，又诸多行为，又与人应对谈话，然则身不少动，独有心动。是故疲惫熟睡时则无梦。做梦则多于拂晓，于睡醒之前，或于打盹之时。抑或易醒之人，有积聚等旧病，无法入睡之人亦多有梦。

③又梦中所见，乃心中常有之牵挂，或切身体验之事。心无牵挂，或无非切身体验之事，亦无法梦见。故农者梦耕种，商者梦货利，工者梦造作，乃人之常情。而农者梦造作，商工梦耕种，却非常情。因此，即无王公大人居寒村白屋着雨笠烟蓑之梦，亦无渔夫樵客坐庙堂，从车马之梦。

④因此，欲行圣人之道于天下，常思之至晓，则自然梦见周公。及老衰已无意于天下，则不复梦见周公，此皆理所当然。

⑤梦为心之影子法师。梦之邪生当知心之邪正。梦见诸多不合理之事，为心之未定。如此这般常存于人之平生，一时之梦之咎无可厚非，世上称梦之妄想，因此，一味将梦作为恶事之观点有误。

⑥又有梦见无法预想之事，后得以验证，先儒也称之为兆朕入梦，世人称之为预言梦，将验证高宗之傅说及后醍醐之南木，作为奇特之事也大有问题。所谓无法预想之事，并非梦见至今未知之事。高宗及后醍醐对二人之事早已见之闻之，恰似谅闇思贤佐，行宫求良将，因此于夜间得以梦见二人，此乃理所当然，而并非从未思念之事。又云托梦以求之，亦是以梦为虚，而求之于该说之误。不可从之。

⑦又世称之为梦想而谈及种种神异，一向虚诞，不足为论。立于枕头之老人，则年常过八十，必手持鸠杖，而非一般木杖，神之使者之童子，则鬓角常结，而从未见鬓角未结之童子。如此妖妄之话柄，岂足挂齿哉。

首先在①中，竹山批判说："在梦方面，前辈均无甚高见"，认为以前有关梦的学说均受到了"至人无梦"等道家"妄言"的影响。其次竹山在②中，又论及了梦与身心关系，通常人"身睡则心亦睡"，然而也有"心睡而身醒"，此即为"梦"。有关梦的内容，在③中，竹山认为"心中常有之牵挂，或切身体验之事"则出现于梦中，而"心无牵挂，或无非切身体验之事"则无法入梦。

因此，以竹山关于梦的观念来分析孔子，则如④中所言，孔子"欲行圣人之道于天下，常思之至晓"，因此"自然梦见周公"。然则为何孔子又感叹不复梦见？其原因在于孔子"老衰已无意于天下"，此也是"理所当然"。

总之，正如⑤中所论述的，竹山认为，"梦为心之影子法师"，"梦之邪生"正是"心之邪正"的反映。宋儒的"一贯以梦为虚"的观点有误。另外，如⑥中的"兆朕入梦""预言梦"等梦，也绝非"奇特之事"，如殷高宗待望贤臣、后醍醐天皇待望楠木正成，正是"对二人之事早已见之闻之"的结果而已。

但是，这样过分强调梦的价值，也有陷入迷信论或神秘思想的危险性。因此竹山为了确认这种俗说与自己的梦观念截然不同，又在⑦中论述说："又世称之为梦想而谈及种种神异，一向虚诞，不足为论。"此点，也见于山片蟠桃的《梦之代》以及并河寒泉的《辨怪》，显示了怀德堂学派的"无鬼论"立场及合理精神。

竹山的这种解释，也是以"梦为心之影法师"为前提，强调了孔子之梦，乃是欲实现圣人之道的孔子之心的具现。但是，对于怀德堂学派主要的批判对象——徂徕之说，在此却毫无言及。这大概是竹山认为，徂徕之说还不足以置于俎上来进行批判。

这种可能性当然无法否认。但是在五井兰洲的《非物篇》、中井竹山的《非徵篇》中，对该部分也闭口不谈。如此看来，认为不应当论及的可能性也无法否认。① 如《论语征驳》中"徂徕于宋儒更甚"所述,徂徕对本章的解释在反徂徕立场的人们看来,是一个极为深刻的问题。因为徂徕的解释将该梦与天命关联,有动摇朱子学基础的危险性。

怀德堂学派一味从与"心"的关系论述该梦,当然是为了批判以"至人无梦"为前提的宋儒。但是,其中还隐藏有更为深刻的问题,即对徂徕之说的反感,更反映了怀德堂学派不愿触及这一问题。

结　语

本章从开创于近世大阪的怀德堂学问的立场,以《论语·述而》篇中的孔子之梦为主要研究对象进行了探讨。中井履轩通过《论语雕题》《论语雕题略》《论语逢原》构筑了自身的学问,虽然履轩以朱子学为前提,但又未拘泥于宋儒之传统理解,履轩的经学研究,还不应该简单理解为对宋儒的批判,还有必要考虑到其治学背景中伊藤仁斋、荻生徂徕之说的存在。

徂徕的理解触动了儒家的圣人论、天命论等基础,对于怀德堂学派的人们而言,已经不只是对于个别字句解释的差异问题,而是更为深层次的,与自身的思想基础有关的极大问题。在徂徕之前,五井持轩及中井竹山对孔子之梦抱有极大的关心,但也仅作为"心"的问题加以了强调。

除了后世诸注释的问题,孔子本身心态如何,也是一个极有意义的问题。在中国漫长的经学史中,对于该梦,古注系列注释的代表观点是,梦是孔子对周公思慕的表现,而新注系列注释,

---

① 兰洲对梦不欲触及一点,在特索·纳吉塔上述著作中认为,"在兰洲的合理主义中诗歌占据了确切的位置,而'梦'却不然。……因为从'梦'的内部无法辨别首尾一贯的'规则'所以兰洲便与梦划清了界限"。

则认为孔子本意并非在谈论实梦。

但是,根据中国古代主要的梦观念而言,梦乃是代替了天之声音,象征了天赋予自身的使命及命运。① 若在这种梦观念的基础上回顾孔子此言,则可能会有与古注及新注不同的理解。即孔子之言是孔子对天与身之在关系断绝后的深深叹息。通过不复出现周公之梦,孔子觉悟了周道之再兴这一自身尚未实现之事业的终结,因此深深叹息。

若以中国古代的梦观念而言,孔子之言尚可以如此理解,但中国历代的学者们却对此可能性避而不谈,因为他们抱有与怀德堂学派同样的危机感。在此意义上,徂徕的解释若发展下去,则具有否定圣人孔子的危险性。可以说,如此解释对于传统的经学而言,是一种不该触及的禁忌。

以"梦为心之影法师",将该梦局限于孔子之"心"的问题,用以回避徂徕之说,反而暗示了怀德堂学派所存在的巨大问题。

(大阪大学大学院文学研究科"广域文化表现论"讲座共同研究《研究成果报告书》,2002年3月,第137~158页)

---

① 详情参看拙稿《中国古代の梦と占梦》(《岛根大学教育学部纪要》第22卷第2号,1988年)。

第一部分　怀德堂的汉学

怀德堂的祭祀空间
——中国古礼的受容与发展

序　言

明治四十四年（1911）10月，在府立大阪博物场美术馆里举办了怀德堂展览会。在此一年以前，通过西村天囚等学者的呼吁，为复兴与彰显江户时代的大阪学问所"怀德堂"，相关部门设立了"怀德堂纪念会"，举行追悼怀德堂儒者的纪念仪式，贵重书籍的复刻刊行等一系列的彰显活动。本展览会也成了该事业的一环，会期为10月1日至6日，共6天。

在该展览会上展出的资料当中，尤为引人瞩目的是一面巨大的屏风——"怀德堂绘图屏风"（见书后插页1、2）。在一对屏风上，由中井家子孙中井木菟麻吕展示了有关江户时代怀德堂学舍的绘图、记录类等资料①，每个屏风6面，共计12面。每面长185cm×宽85cm、12面全部展开的宽度为1020cm，是一面大型屏风。

---

① 详见中井木菟麻吕《怀德堂遗物寄进の记》（《怀德》第11号，1933年）中记载。"西村硕园博士自海外旅行归来之际，在网屿之鮒宇举行欢迎会，余亦受之邀请，同日取来寄存于加岛村小笠原氏处的怀德堂之刻额，以及破损的竹行李，于鮒宇席上开展。其行李之中，有怀德堂的绘图类及诸种记录类等，余亦始见。在怀德堂展览会之际，将该绘图类以及家中保存书类中有关怀德堂的构图者加以收辑，所造大屏风一双。"另外，本章所列图像，包括该屏风，皆出自大阪大学"怀德堂文库"所藏资料。

屏风上的资料大多数是怀德堂从创立时期至幕府末期的平面图。怀德堂作为共同的空间，除"玄关"及"讲堂"等主要部分以外，还设有"祠堂"或"祠室"等祭祀场所。怀德堂，作为一所以儒教（朱子学）为基础的汉学塾，其祭祀的仪典如何进行？本章将从此问题出发，对怀德堂的祭祀空间进行考察。

一、《家礼》与《丧祭私说》的"祠堂"

为了对此课题进行考察，必须首先探讨的是朱子的《家礼》。南宋朱子所著《家礼》，是儒教文化圈影响力最大的文献之一。该书记载了一般士人家庭内的礼法，并且对冠婚丧祭等最为重要的基础礼仪进行了说明。

因为《家礼》在朱子去世后十年才得以刊刻，所以对于本书的真伪问题尚存在种种疑义。但是，据传为朱子所作的《家礼》，传播于东亚，形成了极大的影响。①

《家礼》分为五卷本、十卷本、不分卷本等数种。根据其中最早的五卷本系统，全书目录分为："通礼""冠礼""昏礼""丧礼""祭礼"，在"通礼"的开头部分有"祠堂"一目。

书中记载，"君子将营宫室，先立祠堂于正寝之东"，"祠堂"是所有礼仪中共同的、最为重要的祭祀空间。

以儒教（朱子学）为基础的怀德堂，自然也重视《家礼》。对《家礼》，尤其是"祠堂"部分，怀德堂是如何接受的？又是如何反映在怀德堂学舍内的祭祀空间之中？这些均需要我们仔细探讨。

研究前一问题，可参考一份重要的文献，即《丧祭私说》。

---

① 参看小岛毅《中国近世における礼の言说》（东京大学出版会，1996年）、吾妻重二《朱熹〈家礼〉の版本と思想に関する实证的研究》（科研报告书，2003年）。

《丧祭私说》，由怀德堂第二代学主中井甃庵（名诚之）撰写，以汉文（文言文）形式论述了古礼中最为重要的"丧""祭"二礼。后由甃庵之子竹山（名积善）及履轩（名积德）进行了补订。

根据享保六年（1721）二月的自序，竹山从前一年的七月开始撰写，"先考（即中井养元）"的逝去成为其执笔的动机。甃庵以朱子《家礼》为基础，斟酌诸儒之书，并将家庭之旧仪与师友的传闻集为一卷，命名为"丧祭私说"，以将"我家（中井家）"曾实践古礼之事传于后人，以此实现对祖先的"孝"①。

甃庵的遗志，被其子竹山及履轩继承下来。宝历八年（1758），甃庵殁。两年后的宝历十年（1760），就任怀德堂保管人的竹山，与弟弟履轩共同补订了该书。

本书全二十四叶中，从"祠室""神主"至"忌日""祭礼余考"，各条均在《家礼》的基础上加以考证。② 因此，笔者首先就"祠堂"，对朱子《家礼》与怀德堂的《丧祭私说》进行比较。

表1为两者的对照表。笔者首先将《家礼》中有关"祠堂"的记述分为①～⑪，表的左侧为《家礼》的文本与夹注，右栏则列举了各自对应的《丧祭私说》中的语句。

《家礼》与《丧祭私说》的对照表（为方便将其分为①～⑪段）

---

① 《丧祭私说·自叙》中有"乃忘僭逾，据朱子《家礼》、丘氏《仪节》，并考我邦诸儒之书，参互斟酌，间以家庭之旧仪及以听闻师友而辑为一卷，名曰'丧祭私说'"，"庶吾从子辈，长成之日，得睹此书，乃我家当知有行古礼者敬依崇奉，以孝致祖先，并以佑余之追念"。

② 本章所用文本，为"怀德堂文库"所藏本之中的《丧祭私说附幽人先生服忌图》（抄者未详）。外形尺寸为长 26.7cm×宽 19.3cm。《怀德堂文库图书目录》该页为国书 12 页上段。包含该文本的"怀德堂文库"本《丧祭私说》的书志状况详情，参看汤浅邦弘编《怀德堂文库の研究二〇〇五》（大阪大学文学研究科，2005 年）。

表1

朱子《家礼》（左侧本文、右侧夹注）		《丧祭私说》
①君子将营宫室，先立祠堂于正寝之东	祠堂之制，三间，外为中门，中门外为两层，皆三级，东曰阼层，西曰西层。皆下随地广狭以屋覆之，令可容家众叙立。又为遗书衣物祭器库及神厨于其东。缭以周垣、别为外门，常加扃闭。若家贫地狭，则止为一间，不立厨库，而东西壁下置立两柜，西藏遗书衣物，东藏祭器亦可。正寝谓前堂也。地狭，则于厅事之东亦可。凡祠堂所在之宅，宗子世守之，不得分析。凡屋之制，不问何向背，但以前为南，后为北，左为东，右为西，后皆放此。	"凡屋宇之间，先立祠室" 朱子祠堂之制，三间，而有中门外门，及神厨遗书衣物祭器库。我邦士庶之家，往往狭隘，不能辄具。朱子又为家贫地狭者，设一间之制。然谓立之于正寝若厅事之东，亦或难行之。今但视屋宇之制，就便设之。其制，大容三席，南设户二扇，以拟外门。其内近北一席，架滑板为龛，大竟席，高三尺，施户二扇，以拟中门。龛下亦设户，以拟厨库，藏遗物祭器。龛前二席，置香案设香炉，以为家众拜位，不许置他物。大抵祠室，须准此制，随宜增损焉。人有贫富，势有可否，礼废之久，不可拘以定制也。 〇屋宇之制，不问何向背，但以前为南，后为北，左为东，右为西，后皆做此。

续表

朱子《家礼》（左侧本文、右侧夹注）		《丧祭私说》
②为四龛，以奉先世神主。	祠堂之内，以北近一架为四龛，每龛内置一卓。大宗及继高祖之小宗，则高祖居西，曾祖次之，祖次之，父次之。……神主皆藏于椟中，置于桌上，南向。龛外各垂小帘，帘外设香卓于堂中，置香炉香合于其上。两层之间，又设香卓亦如之。非嫡长子，则不敢祭其父。若与嫡长同居，则死而后其子孙为立祠堂于私室，且随所继世数为龛，俟其出而异居乃备其制。若生而异居，则预于其地立齐以居，如祠堂之制，死则因以为祠堂。主式见《丧礼·治葬》章。	"以奉先世神主" 高曾祖考，各为一椟，置于卓上，南向。高祖居西，曾祖次之，祖次之，考次之。其考妣二主，皆同椟。朱子《家礼》，分龛为四，各藏一椟。今从简制，四椟共一龛。
③旁亲之无后者，以其班祔。	伯叔祖父母，祔于高祖。伯叔父母，祔于曾祖。妻若兄弟，若兄弟之妻，祔于祖。子侄祔于父。皆西向。主椟并如正位。侄之父自立祠堂，则迁而从之。程子曰：无服之殇不祭。下殇之祭，终父母之身。中殇之祭，终兄弟之身。长殇之祭，终兄弟之子之身。成人而无后者，其祭终兄弟之孙之身。此皆以义起者也。	"旁亲无后者，以其叙祔" 礼，祔位各祔其祖父母，皆西向。今祠室狭隘，祔叙不得若制，乃有祔主者，宜一以尊卑叙列，本主之次……〇善按：三殇之祭，程子所以义起。今据国制，十七以上为成人，则改以十二至十六，通为长殇，而不立中殇。其长殇之祭，终兄弟之身，成人之祭，终兄弟之子之身；亦或可。

续表

朱子《家礼》（左侧本文、右侧夹注）		《丧祭私说》
④置祭田	初立祠堂，则计见田，每龛取其二十之一以为祭田。亲尽，则以为墓田。后凡正位祔者，皆放此。宗子主之，以给祭用。上世初未置田，则合墓下子孙之田，计数而割之，皆立约闻官，不得典卖。	—
⑤具祭器	床、席、倚、卓、盥盆、火炉、酒食之器，随其合用之数，皆具储于库中而封锁之，不得它用。无库，则储于柜中。不可储者，列于外门之内。	"具祭器" 卓、案、火炉、酒食之器，随其合用之数，皆具储于龛下，不得他用。不可储者，列于外门之内。若家贫不悉备者，厨下割烹之具，或用燕器代之，可也。
⑥主人晨谒于大门之内	主人谓宗子，主此堂之者。晨谒，深衣，焚香再拜。	"主人、晨谒于外门之内" 主人谓宗子主祭者。晨谒便衣裳，焚香再拜。
⑦出入必告	主人、主妇进出，则入大门瞻礼，而行归亦如之。经宿而归，则焚香再拜。远出经旬以上，则再拜焚香，告云："某将適某所，敢告。"又再拜。而行归亦如之。但告云："某今日归自某所，敢见。"经月而归，则开中门，立于阼层下，再拜，升自阼层。焚香告毕，再拜降，复位再拜。余人亦然，但不开中门。凡主妇，谓主人之妻。凡升降，惟主人由阼层，主妇及余人，虽尊长，亦由西层。凡拜，男子再拜，则妇人四拜，谓之侠拜，其男女相答拜亦然。	"出入必告" 主人、主妇近出，瞻礼而行，归亦如之。经宿而归，则焚香再拜。远出经旬以上，则焚香告以適某所，再拜而行。归亦如之。但告以归自某所。经月而归，则开中门，焚香告毕，再拜四（而）退。余人亦然，但不开中门○凡主妇，谓主人之妻。

续表

朱子《家礼》（左侧本文、右侧夹注）		《丧祭私说》
⑧正至、朔望则参	正至、朔望前一日，洒扫齐宿……	—
⑨俗节则献以时食	节如清明、寒食、重午、中元、重阳之类。凡乡俗所尚者，食如角黍。凡其节之所尚者，荐以大盘，间以蔬果。礼如正至、朔日之仪。	—
⑩有事则告	如正至、朔日之仪。但献茶酒，再拜讫。主妇先降复位。主人立于香卓之南。……凡言祝版者，用版长一尺，高五寸，以纸书文，黏于其上。毕，则揭而焚之，其首尾皆如前。但于皇高祖考、皇高祖妣，自称"孝元孙"。于皇曾祖考、皇曾祖妣，自称"孝曾孙"。于皇祖考、皇祖妣，自称"孝孙"。于皇考、皇妣，自称"孝子"。有官封谥则皆称之，无则以生时行第称号，加于府君之上。妣曰"某氏夫人"。凡自称，非宗子不言孝。告事之祝，四龛共为一版，自称以其最尊者为主。止告正位，不告祔位，茶酒则并设之。	—

续表

朱子《家礼》（左侧本文、右侧夹注）		《丧祭私说》
⑪或有水火盗贼，则先救祠堂，迁神主遗书，次及祭器，然后及家财。易世则改题主而递迁之。	改题递迁，礼见《丧礼·大祥》章。大宗之家，始祖亲尽则藏其主于墓所。而大宗尤主其墓田，以奉其墓祭，岁率宗人一祭之，百世不改。其第二世以下祖亲尽，及小宗之家高祖亲尽，则迁其主而埋之。其墓田则诸位迭掌，而岁率其子孙一祭之，亦百世不改也。	"或有水火盗贼，则先救祠室，迁神主遗书，次及祭器，然后及家财。易世则递迁之"亲尽之主，埋之于墓侧。或墓远者预设木函，姑阼之其中，以藏龛下可也。

从表1明确可知，《丧祭私说》并非忠实沿袭了《家礼》的语句。总体而言，《丧祭私说》一面尊重《家礼》的精神，一面也考虑到了日本的住宅情况以及贫富差距等，对于"祠堂"有关规定并非墨守成规，而是进行了选择性地接受。

具体来说，首先对于"祠堂"的名称，书中认为，"朱子不见庙制之经，且以有不得为士庶者，特以祠堂名之。今以从其简别不构，姑以祠堂称"，以下称"祠室"。即将朱子的《家礼》进行了简化，并未独立建造祠堂，而是将房屋的一部分当作祠堂，称之为"祠室"。

其次，在①中，对于《家礼》的"君子将营宫室，先立祠堂于正寝之东"的规定，仅记述为"凡屋宇之间，先立祠室"，而未言及"正寝之东"的方位。此外，对于朱子的"三间"之制，因为日本的家屋"往往狭隘"，因此，无法完全配备"中门""外门""神厨遗书衣物祭器库"等。"祠堂"难以设在"正寝"之东也是因为同样的理由。但也将"户二扇""拟"为"外门"等，对《家礼》的主旨尽可能予以尊重。

在②中，对于作"四龛"，其中各祭一神主的《家礼》的规定，通过"简制"，将"四椟"收入了"一龛"中。作"龛"一点遵从了《家礼》的规定，但是设置四个祭坛区域，因为上述"往往狭隘"的原因，则实行了"简制"。

③中《家礼》的规定，"旁亲之无后者"则从世袭而各自合祭，例如，"伯叔祖父母，祔于高祖"。但是在《丧祭私说》中，若祠室狭隘，则从尊卑序列"本主"一方统一总体祭祀。此观点，也与②的不必设"四龛"一点有关。

如此，《丧祭私说》在尊重《家礼》的精神下，简化布置，表1的⑤也是这样。⑤中"具祭器"规定，若家贫无法准备全部祭器时，以日常饮食用具代替即可。祭器与日常饮食器具，本来应该相互区别，但在《丧祭私说》中，考虑到因为贫困而无法常备祭器的情况，并予以特殊对待。在⑪中则规定，如墓地较远，则在木箱之中放入神主，暂时置于龛下。以上均秉持了"简制"的宗旨。①

另外，在上表中，《丧祭私说》对《家礼》的④⑧⑨⑩四条并未言及，⑥的"主人晨谒于大门之内"与⑦的"出入必告"，则基本从《家礼》。其中，⑥⑦与《家礼》并无二致，这是因为与基本的设施及备用品无关，而仅与问候有关而已。①②③⑤等均与住宅状况及经济能力等有关，而问候等行为，则因不为物质因素所左右而得以遵守下来。

以上，通过对比《家礼》与《丧祭私说》，可见《丧祭私说》一面尊重《家礼》的精神，一面也根据日本的实际情况，对于有关"祠堂"的规定进行了有选择性的接受。

---

① 在整体上，《丧祭私说》具有通过接受《家礼》来进行佛教批判的一面。详情参看高桥文博《〈丧祭私说〉における"家礼"受容——德川儒教における仏教批判の一方向—"》（《怀德》第61号，2003年）。若根据高桥氏的观点，则可以认为，此处非佛寺容易掌控的墓地，只是反映了一种侧重于家族内部祭祀空间的意识。

二、怀德堂的祭祀空间——"祠堂"的变迁

那么,《丧祭私说》的观念,在实际中又是如何反映在"怀德堂"这一空间之内的?当然,作为一所学校而言,怀德堂乃是一个公共空间,但同时作为历代教授的居住场所,怀德堂也具有私人空间的性质。其与朱子《家礼》的关系值得关注。

首先来看怀德堂绘图屏风,此屏风共有12面。在第10面上,有中井桐园所题的"怀德堂结构新旧图"(如图1所示)。在屏风之上,列举了怀德堂自创立后,经过数度改扩建的怀德堂的实际状况。

本章将以该资料为主,对怀德堂的"祠堂"加以考察。另外,在该屏风上主要贴有数张图纸,下文按照年代顺序加以探讨。

(一) 从创立时期至宽政年烧毁

首先,我们探讨享保九年(1724)怀德堂创立至宽政四年(1792)怀德堂被全部烧毁之间的图纸。

图2为描绘怀德堂创立时期的图纸。该图纸贴在屏风的第十面,被中井菟麻吕称为"学校最旧绘图"。[①] 虽然图纸并无"怀德堂"字样,仅图纸下部记载有"此街自东达西,呼曰尼崎一丁目",但从绘有"讲堂"这一教学设施,可知是怀德堂无疑。另外,根据该图纸下段贴附的附记(如图3所示)可知,该建筑物东西宽为6间[②]半,南北长为20间,面积共计为130坪[③],从以上记述也可知,该图纸确为怀德堂的图纸。

[①] 见前述中井菟麻吕《怀德堂遗物寄进の记》。
[②] "间"为日本尺贯法的长度单位,一间约1.82m。
[③] "坪"为日本的土地面积单位,一坪约3.3m²。

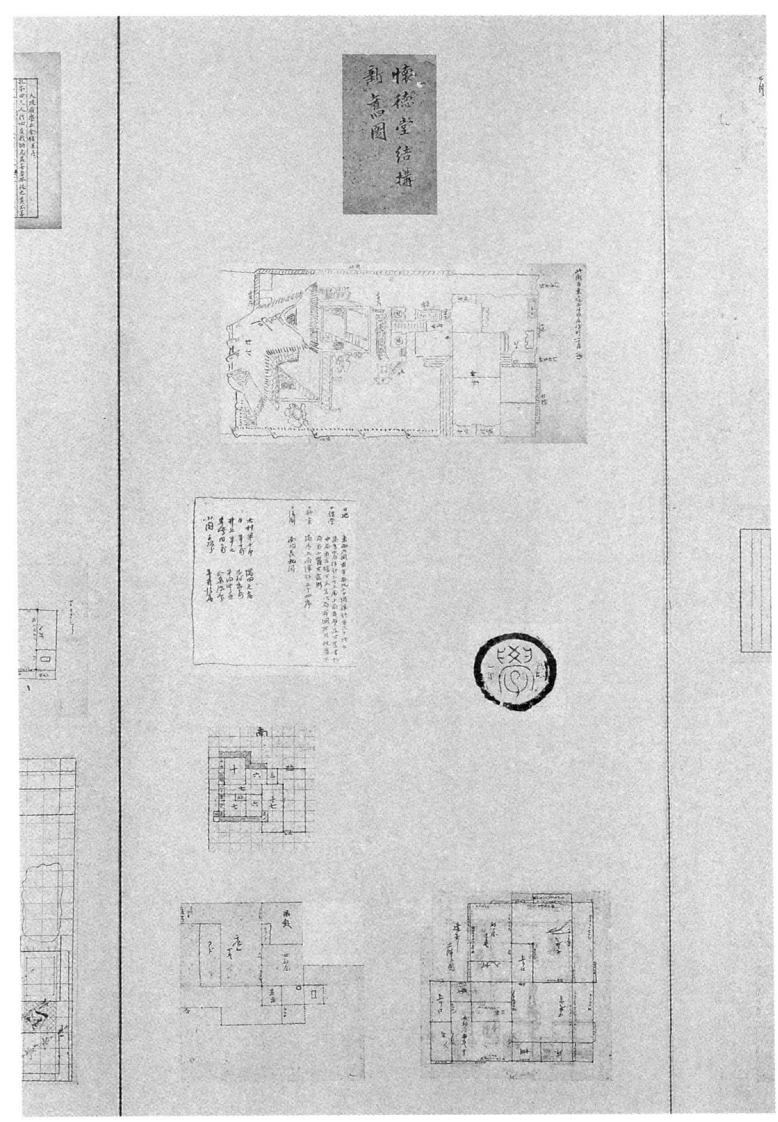

图1 怀德堂绘图屏风第十面

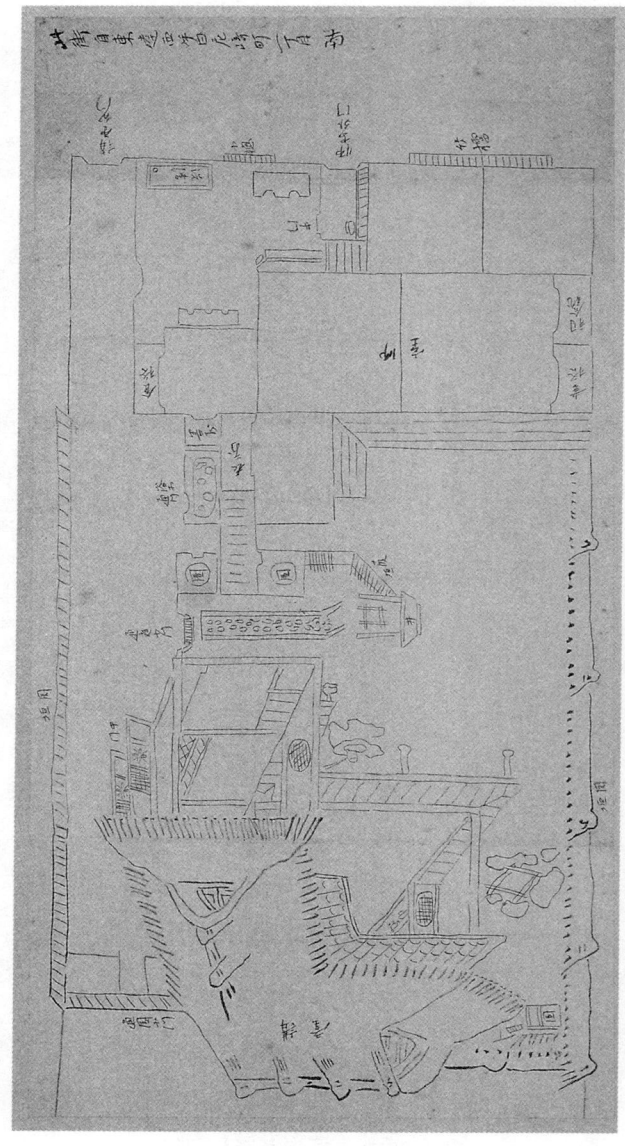

图 2 创建时的怀德堂

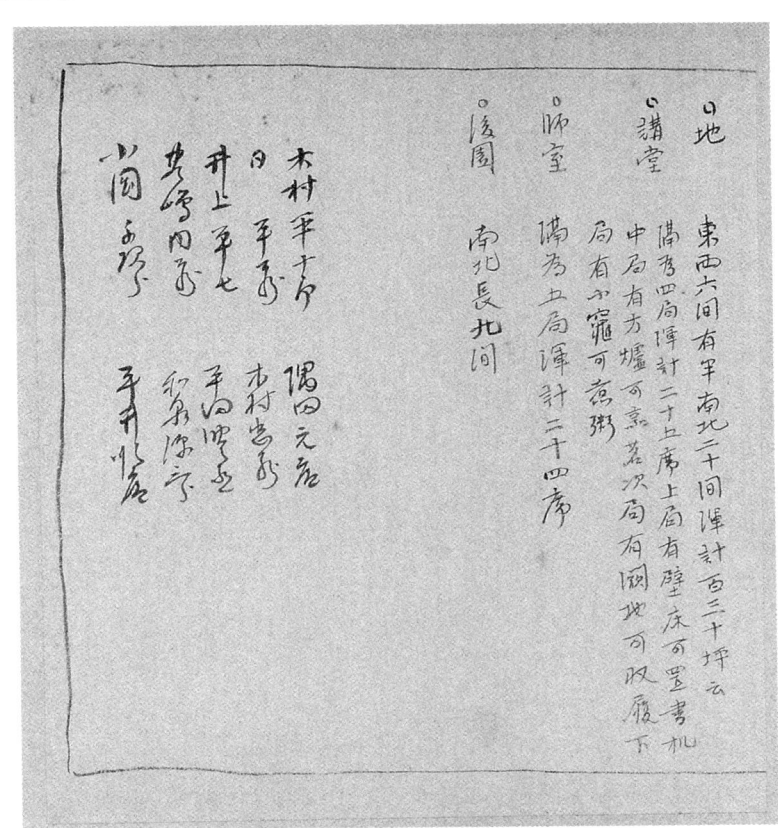

图3 创建时的怀德堂·附记

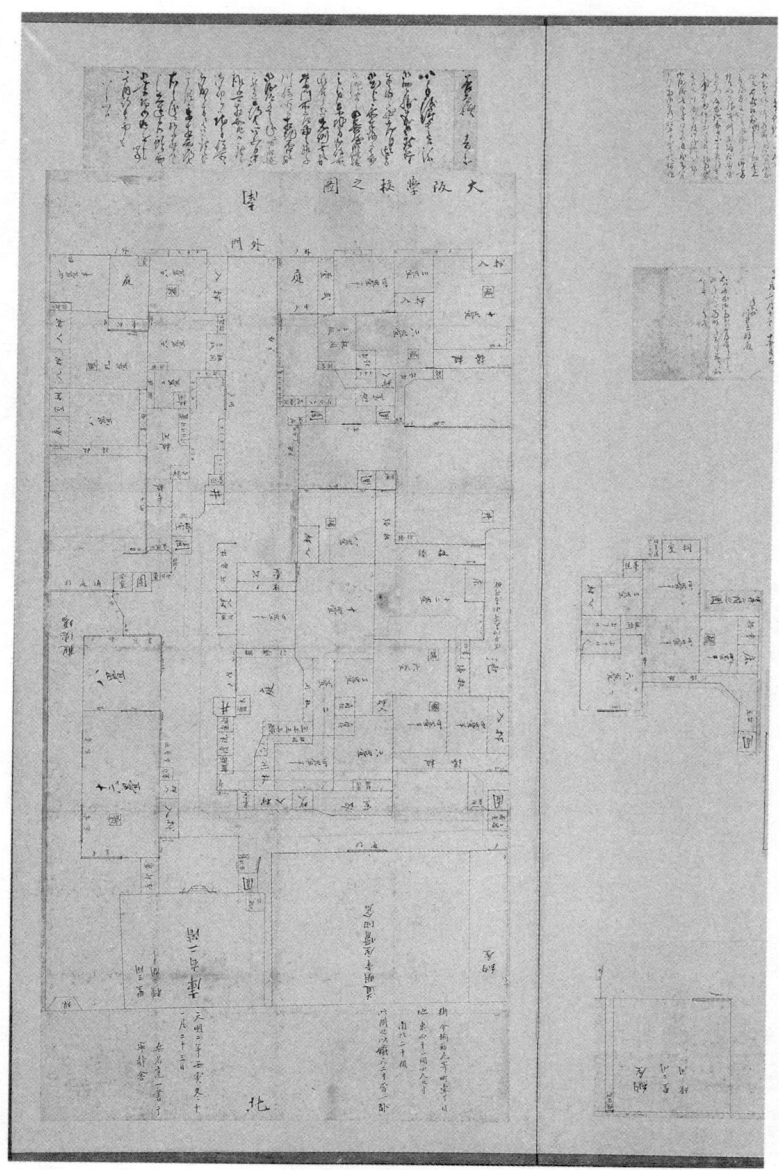

图 4　大坂学校之图

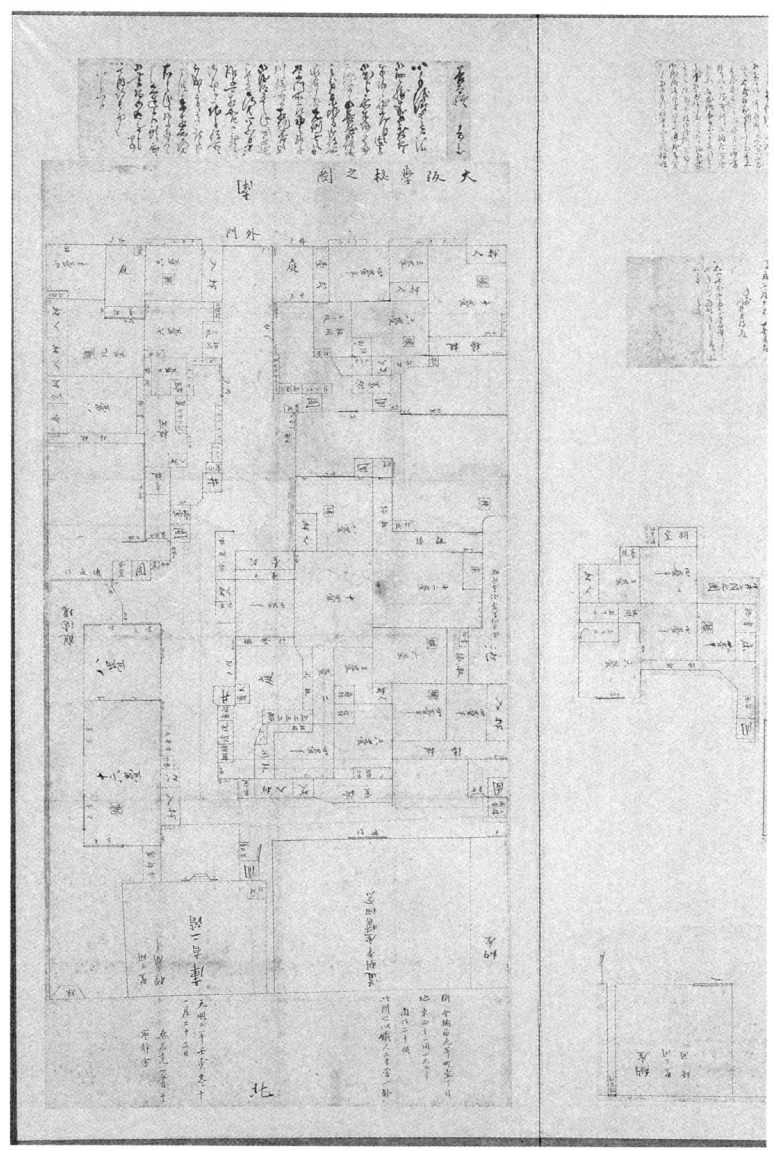

图 5　大坂学校之图·二层部分

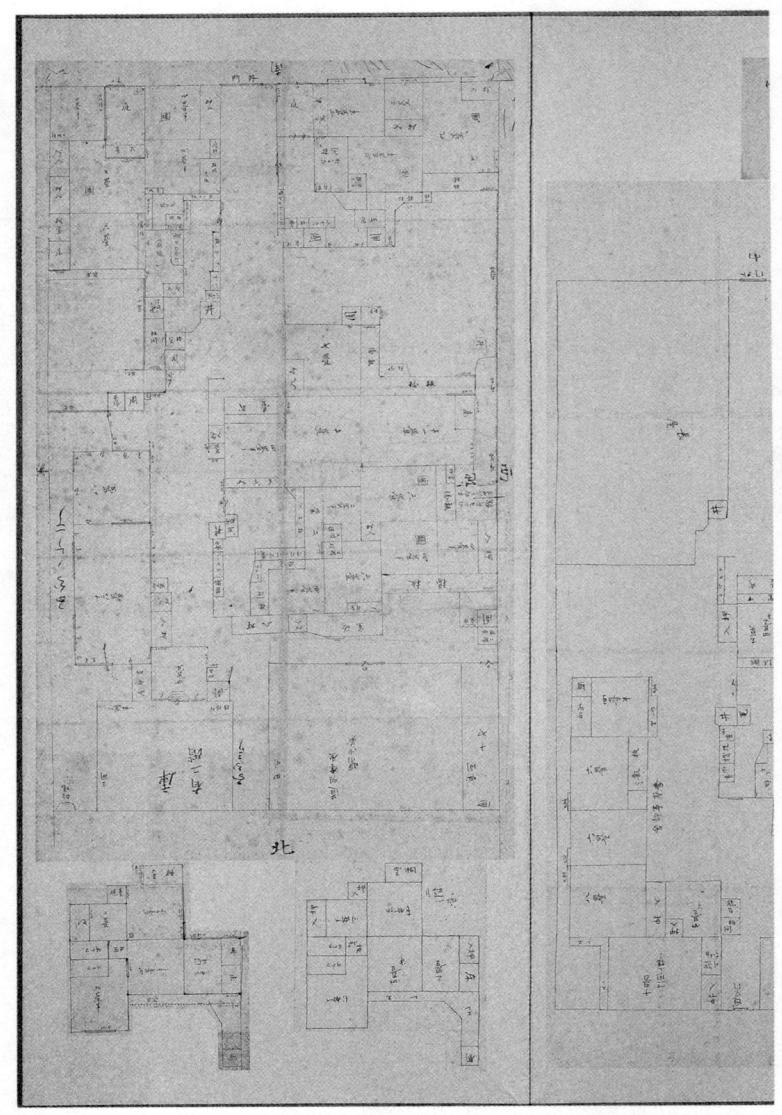

图 6 怀德堂绘图屏风第二面

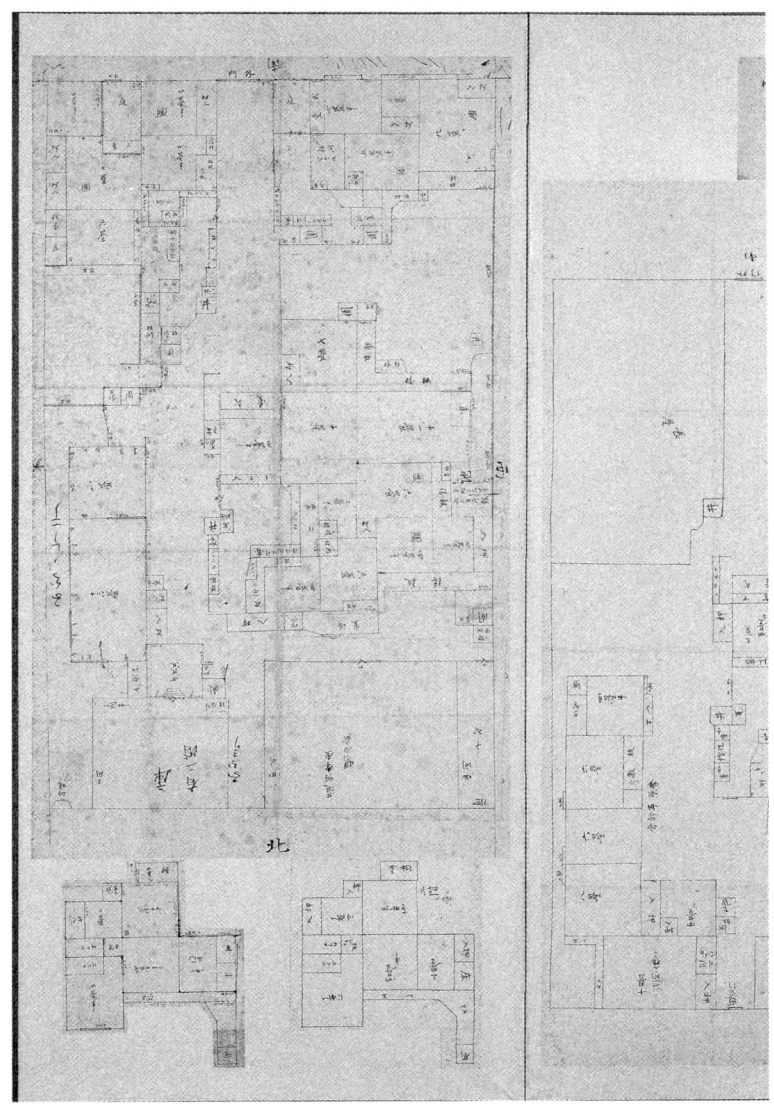

图7 屏风第二面下部左侧·二层部分

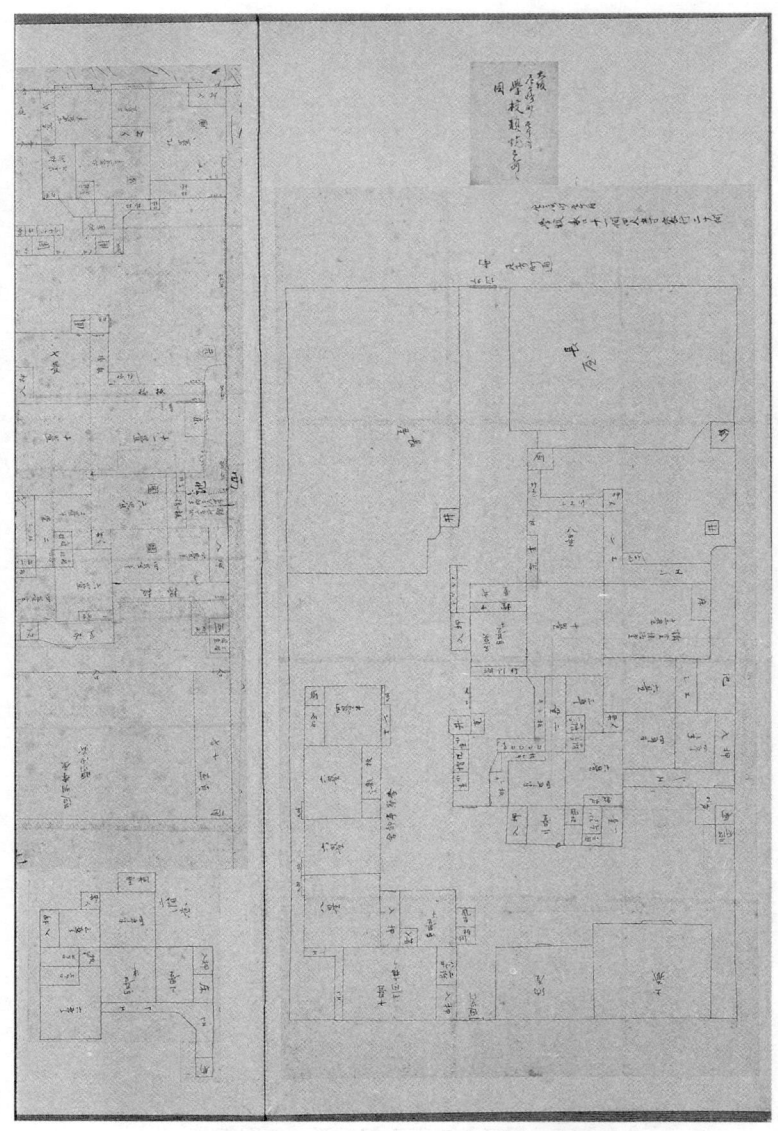

图 8 屏风第一面"大坂尼崎町一丁目学校类烧前之图"

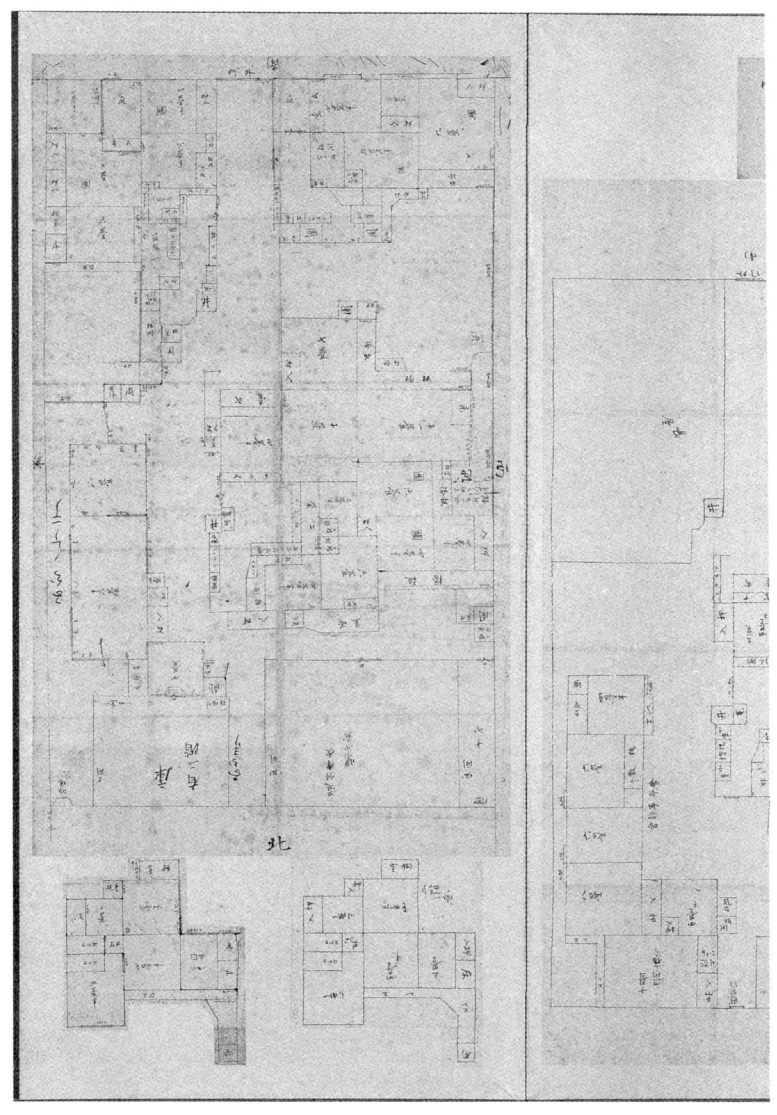

图 9 屏风第二面下部右侧·二层部分

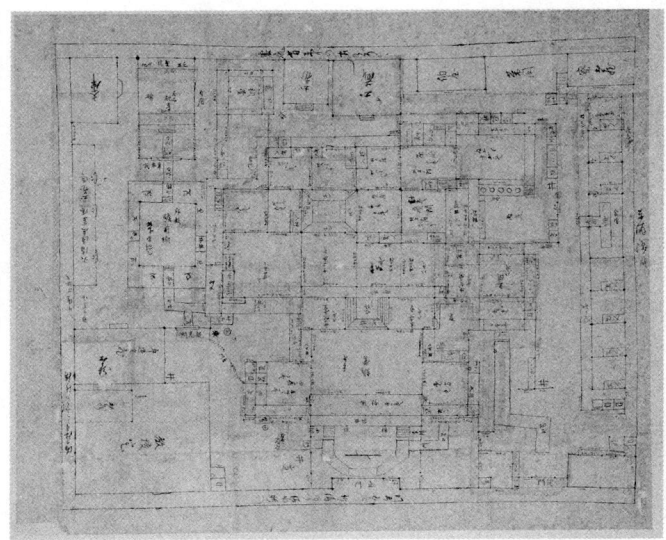

图 10 宽政怀德堂再建设计图（1）

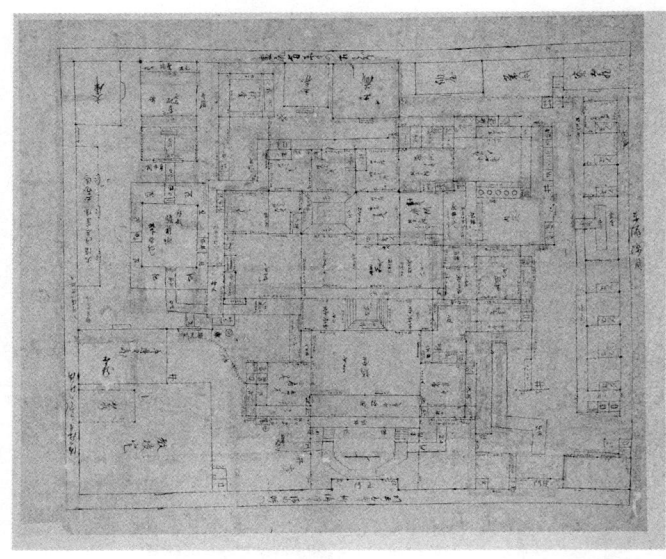

图 11 宽政怀德堂再建设计图（1）中的"祠堂"部分

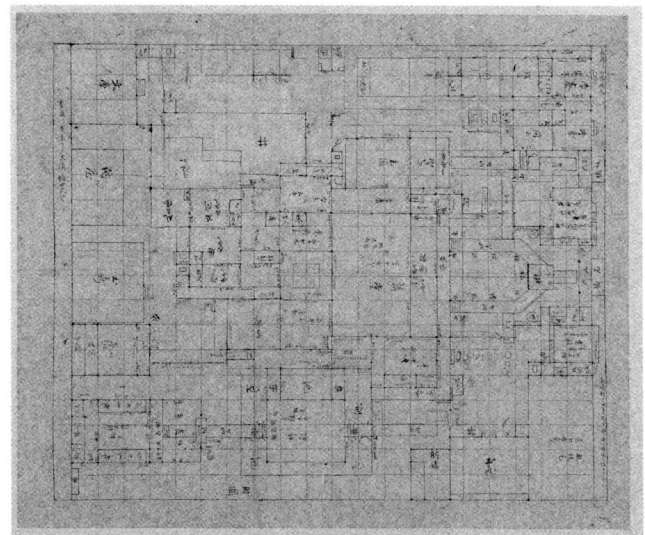

图 12　宽政怀德堂再建设计图（2）

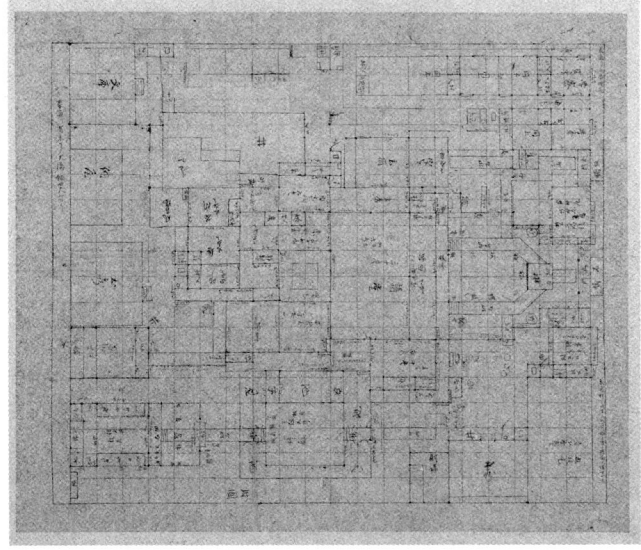

图 13　宽政怀德堂再建设计图（2）中的"祠堂"部分

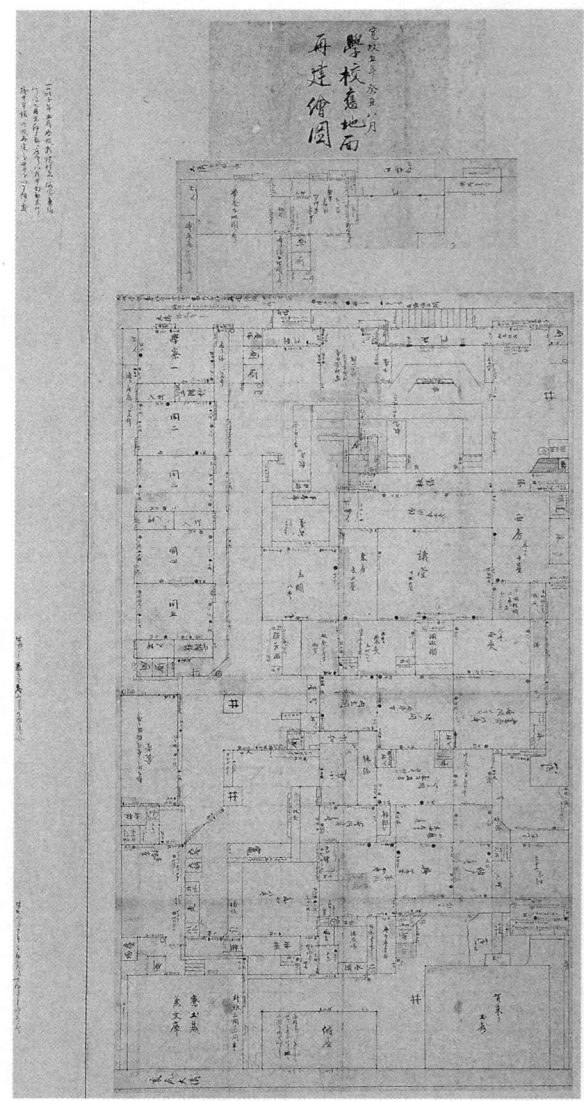

图 14　宽政怀德堂再建设计图（3）

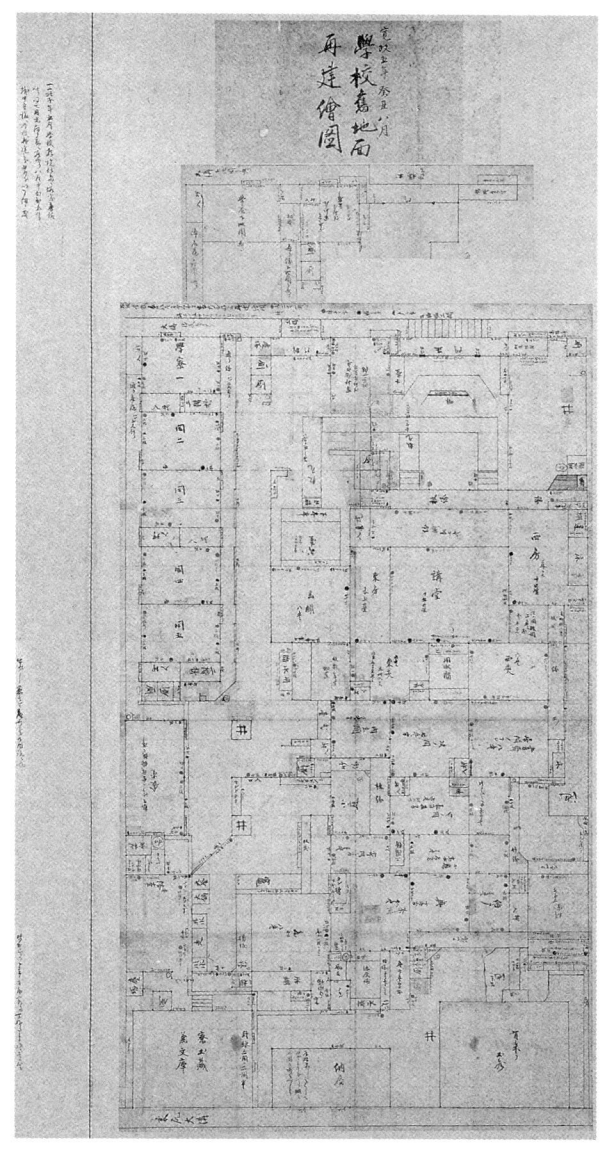

图 15 宽政怀德堂再建设计图（3）中的"祠堂"

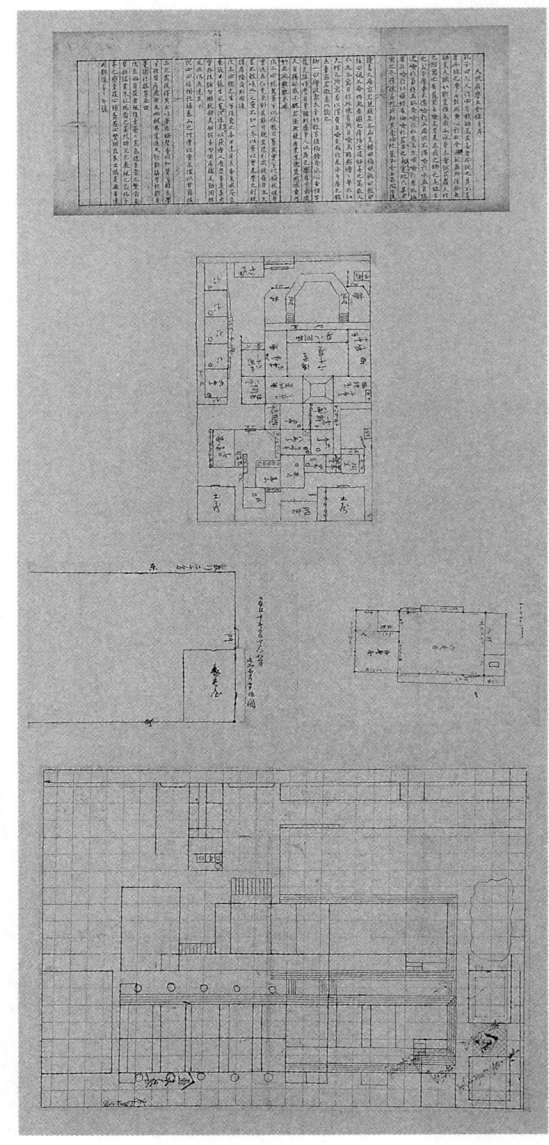

图 16 宽政怀德堂再建设计图（4）

第一部分 怀德堂的汉学

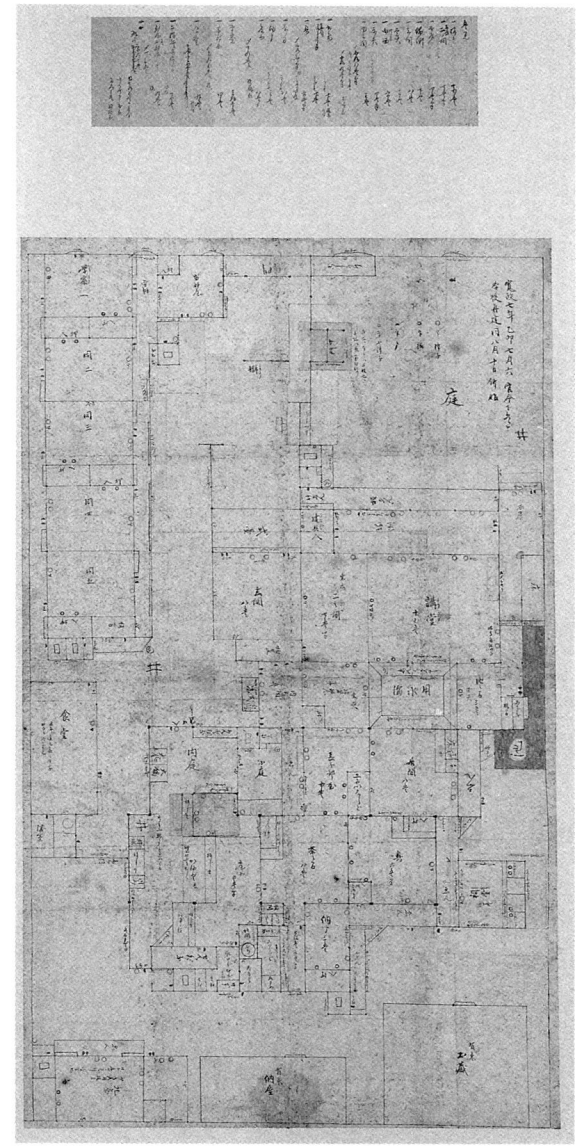

图 17 宽政再建施工时的"怀德堂"

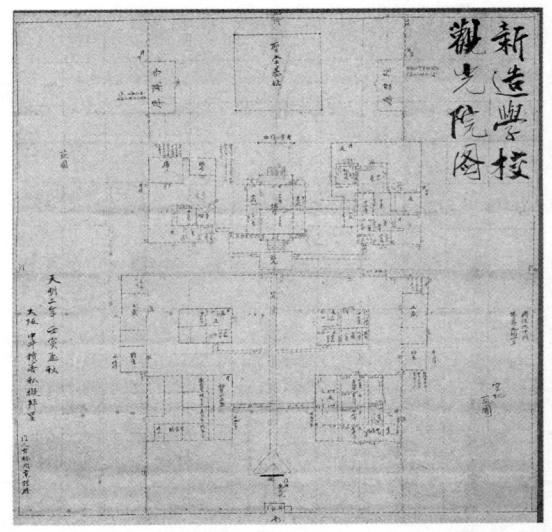

图 18　新造学校观光院图

据图 2 可知，怀德堂由北侧的"讲堂"，中间的中庭，南侧的"师室"构成。其中，"师室"后方（西）为"书格""祠龛"，其中的"祠龛"相当于《家礼》所说的"祠堂"。但是，祠龛位于基地的西南部，即使以"师室"为基准也在其西侧，与《家礼》的"先立祠堂于正寝之东"的规定不符。而且，该设施虽然标记为"祠龛"，但图纸上并未划分为四区，因此无法确认是否合乎《家礼》所规定的"四龛"。

图 2 曾被认为是单独的资料，但是从其下段贴附的一枚附记（图 3）的接合状态可知，该附记本来接续在该图纸的左侧。在粘贴到屏风或者在之前的阶段，图纸部分与附记部分已经被裁断。

其次，我们探讨屏风第四面的图纸（如图 4 所示），该图纸上部有"大阪学校之图"，下部记有"天明二年（1782）十一月二十三日桑名克一书"。栏外还可见注记有"街　今桥筋尼崎町壹丁目，地　东西十一间四尺五寸，南北二十间""此图也以铁尺二寸当一亩"，在基地北侧还标有"道明寺屋酱油仓"。

在该图纸中，一层各房间的大小（叠数[①]）均有明确记载，但是并无祠堂或类似建筑的记述。下面，再来看屏风第三面所贴的"大阪学校之图"关于怀德堂二层部分的图纸（如图5所示），在邻接二层的"四叠半"的一角，标记有"祠室"二字。而且，整个二层还有"中井二层之图"的标题[②]，"祠室"的左侧可见"祠室不出讲堂之上"的注记。即在一层的讲堂的上方设有"祠室"。

再次，我们探讨屏风第二面上的图纸（如图6所示）。该图纸与图4基本相同，在二层部分（如图7所示，屏风第二面下部左侧）邻接"四叠半"的一角，依然存在"祠室"。左侧的注记为"此不出讲堂之上"，与图5略有不同。绘制者也恐与图4同为"桑名克一"。

最后，我们探讨屏风第一面上的图纸（如图8所示）。该图纸则与图4、图6在一层的构造上略有不同。该图纸为宽政火灾之前的怀德堂，标题为"大阪尼崎町一丁目学校类烧前之图"，上部栏外注记有"尼崎町一丁目学校表口十一间四尺五寸里行二十间"。绘制者为中井木菟麻吕，图纸中的署名为"桑名克一"[③]。

虽然该图纸的制作时间不详，但图纸中的建筑物却可以作为一个判断该图纸时代的重要参考。"道明寺屋酱油仓"本来在怀德堂北侧，如图4、图6所绘，这是因为，道明寺屋是为怀德堂提供建筑用地的五位豪商之一。但是在此图纸中"酱油仓"的位

[①] 叠，为日本所使用的计量单位，一叠相当于$1.824m^2$。

[②] 此点，在考察怀德堂与学主关系上极为重要。详细情况，在本章（三）中加以论述。

[③] 见前述中井木菟麻吕《怀德堂遗物寄进之记》。

置却变为"土藏""纳屋"。因此，图 8 为改建后的怀德堂图纸，如标题所示，并非为宽政火灾烧毁之前的怀德堂图纸。

但是，该图纸中"祠室"的位置，则与图 4、图 6 相同。在屏风第二面下部右侧贴附的关于怀德堂二层部分的图纸（如图 9 所示）上，在邻接二层"四叠半"的一角记有"祠室"。

从这些怀德堂初期的平面图上，虽然可以确认"祠室"的存在，但是其设计却并未遵守《家礼》中"君子将营宫室，先立祠堂于正寝之东""为四龛"的规定。倒是与祠堂设在正寝之东较为困难，有一"龛"即可的《丧祭私说》的观点相近。其原因或许是因为怀德堂的建筑用地是由道明寺屋所提供，因而在用地及建筑方面有诸多制约，所以一些主要的建筑物，并未如实反映怀德堂《家礼》的理念。

那么，宽政年间怀德堂在火灾之后重建之际，是否原样采纳了《家礼》的规定？下面来看看宽政重建之际的怀德堂的构造。

（二）宽政重建时期

宽政四年（1792）五月，怀德堂因市内大火蔓延，校舍被全部烧毁。当时的学主中井竹山，立刻提出了重建计划，经过与大阪町奉行所及江户幕府的多次协商，终于在宽政七年（1795）完成重建计划并于七月开工，宽政八年七月竣工。有关事宜，在中井木菟麻吕所记的怀德堂编年史《怀德堂纪年》中，有如下说明。

· 四年壬子……夏五月十六日，大阪有大灾。十七日，火及府。片瓦不完。是月，上书竹山本府请兴建官学。

· 五年癸丑……是月（夏四月）竹山承命上重建图样二通。<u>其一增区建造圣庙</u>。<u>其一处旧区稍弘堂构</u>。府不许前者。亦依命上经营予算。计千四五百金。更依命改算，计千八十。府计之为千三十金。冬十二月，江府更命减算。意在五百金。

- 六年甲寅春正月，更减之，以七百五十金至五百三四十金。回收图样请之。府容之。
- 七年乙卯……秋七月六日，西衙召竹山，宣谕大命，许重建簧舍，赐以金钣三百。明日至衙拜谢。八月十日，即工。以学寮始及门塀、玄关、讲堂、东西房。以下依次。
- 八年丙辰七月，告竣。堂构复旧。所费七百余金。同氏、门生捐赀鸠功，以致完成。

在此需要注意的是，宽政五年四月中井竹山提出了"重建图样二通"一点。前者为"增区建造圣庙"方案，即乘此机会扩大学校建筑面积，新设"圣庙"（孔子庙），后者为"处旧区稍弘堂构"，即建筑面积依旧但稍扩大讲堂的方案。其中，后者方案基本获许。《怀德堂纪年》记载了其后双方在怀德堂方面的预算金额与幕府方面的援助金问题上的反复交涉。最初的"千四五百金"的预算额，通过反复核算，最后减少为"三百金"。总工钱为"七百余金"。除幕府下赐金以外的四百余金，其他皆为支援怀德堂的人士及门生们的筹款。

有关重建的图纸，共存四张（图10、图12、图14、图16）。首先，图10是怀德堂宽政时重建的设计图（屏风第六面上段），是具备"圣庙"（北西）与三十叠的"讲堂"（中央）、"教授宅"（南西）等建筑的宏大方案，相当于《怀德堂纪年》中所记"重建图样二通"内的"前者"。

从建筑的配置可见，学舍西北侧有"祠堂"（如图11所示），其东邻为"土藏"，西邻为"圣庙"。"祠堂"作为独立建筑面西而设，为通过"通缘"从西侧进入的构造。祠堂后方（东）隔"开户"绘有"四龛"。

如此，在前者方案中，虽然祠堂的位置与《家礼》的规定不符，但其作为独立的建筑而受到重视，且"四龛"的设置也与

《家礼》的规定一致。另外，若参考前述《丧祭私说》的记述，则"开户"或被拟为"中门"。与初期的怀德堂相比，这个方案可以说是更为忠实地反映了《家礼》的精神。

其次，与图10相同，图12亦为宽政时再建怀德堂的设计图（屏风第六面下段）。两者基本相同，但在"祠堂"（如图13所示）面南，并通过"艳晖回缘"从南侧进入的构造上相异。祠堂前方（南）为"缘"，由两扇格子门隔断，奥（北）的"板间"后方，仍有"四龛"。此处"格子"或被拟为"外门"。

由图10、图12可知，虽然违背了《家礼》"先立祠堂于正寝之东"的规定，但"祠堂"被设置为独立的建筑，而且在"为四龛"一点上也遵守了《家礼》的规定。[①]

但是，前者的方案最终未获认可。作为基本的重建计划，被认可的是后者的方案。图14亦为怀德堂宽政时再建的设计图（屏风第七面），但它与图10、图12略有不同的是，其中并无"圣庙"及"教授宅"，相当于《怀德堂纪年》中所记"重建图样二通"之内的"后者"方案。"讲堂"也从三十叠缩小至十五叠。图纸中的标题为"宽政五年癸丑八月学校旧地面再建绘图"。

在此图纸的学舍西北角，可见面南的"祠堂"（如图15所示）。从南侧的"濡缘"进入的四叠半的房间中，并无四龛，后部描绘有"板敷"，棚被划为四区。虽然不如"前者"方案明确，但也具有设置"四龛"的意图。

图16仍为怀德堂在宽政时的再建设计图（屏风第十一面）。该图纸与其他图纸相比，内容极为简略，类似草图。而且在"讲堂"处记有"二十叠"等，极有可能是图14在定稿前的预案。整体的构造，基本上与图14相同，但"祠堂"却面东，且通过"回缘"从南进入。而且祠堂后方似描绘有棚。房间的叠数并未

---

① 中井木菟麻吕在《怀德堂遗物寄进の记》中，认图10为图12的"草图"。

详细记载，不过通过与其他房间的关系，可推知约为四叠半左右。

以上（图10—16）即为中井竹山所提出的"重建图样二通"的相关图纸。从中也可以看出，竹山与大阪町奉行所及江户幕府数度交涉的困难。尽管是在全部烧毁后的重建方案，但在方案中却并未反映出《家礼》中"先立祠堂于正寝之东"的规定，"祠堂"的位置依然与初期怀德堂相同设定在整个基地的西北部。由此可见，竹山还是以《丧祭私说》的观念为主，对《家礼》的规定进行了灵活运用。

（三）从宽政重建至幕府末期的怀德堂

经过数度交涉，最后定稿的开工图纸，为图17宽政重建开工时之怀德堂（屏风第十二面）。其中，有中井竹山亲笔所记的"宽政七年乙卯（1795）七月六日受候官命　学校再建同八月十日斩始"，可知为开工时的定稿图纸。"讲堂"与图14同样为十五叠，在学舍西北角处，为面东的"祠堂"。"祠堂"从东侧的"缘"进入，由四扇纸拉门间隔为一个独立的三叠房间。纸拉门或拟为中门，但因祠堂位于基地的西北，且仅注记"此棚分割为四"而非"四龛"，加之房间面积缩小为三叠，可以说，该方案与"前者"（图10、图12）相比，对"祠堂"重视度远远不够。

从此次竣工直至幕府末期，怀德堂基本上并未发生改变。图18为中井木菟麻吕凭幼时记忆所绘的"旧怀德堂平面图"（《怀德》第九号，1931年）。由此可知，学舍的西北，土藏的南侧为"祠堂"，基本上继承了宽政重建时的位置。图17中的"池"被填平，又增设了书库等，改扩建了部分建筑。但讲堂等其他主要的建筑保持了原样，可知宽政八年（1796）竣工的怀德堂，基本上与幕府末期的状态相同。

关于幕府末期的怀德堂，木菟麻吕之妹中井终子在《安政以后的大阪学校》（《怀德》第九号，1931年）中，对其构造进行了如下解说。

> ·文质（历代保管人的书斋）以北皆为家人的居室……文质北邻为八叠大小的"奥"，隔着左侧拐角（回缘）的一室称为"祠堂"，此处原祭祀有历代神主，但不知从何时起神主被移到了二层，此处便成为一个闲置场所。

> ·文质与学寮之间，挂着通往二层的梯子。二层为二间六叠与一间二叠的房间，外加一间仓库，竹山时期这些均定居为教授室，安政以后由教授并河氏家族居住，其邻室有六叠大小，则设有中井家的祀坛，祭祀着凳庵以下的历代神主。

以上便是有关"祠堂"与"神主"的重要证言。首先，关于一层的构造，本来"文质以北"是"奥"，即被称为"家族居室"的中井家的私人空间。如果将学校南侧的玄关、东房、讲堂等作为怀德堂的公共空间，则"文质以北"便可称为私人空间。而且，其中一室便是"祠堂"，"祭祀着历代的神主"。但不知何时，该"神主"移至二层。二层位于"文质与学寮之间"登梯而上之处，"竹山时代这些均为教授室"。二层六叠大小的房间，曾"设有中井家的祀坛，祭祀着凳庵以下的历代神主"。而这些神主，便是所谓的被移到二层的"神主"。

在此需要注意的是，怀德堂的"祠堂"（或"祠室"）不知何时被从一层移至了二层。祭祀发生在中井家的私人空间而非公共空间，并且祭祀对象的"神主"，并非为怀德堂初代学主三宅石庵以及三代学主三宅春楼，而是第二代学主中井凳庵以下的——历代中井家教授的神主。若根据终子的证言，所谓怀德堂的祠堂，至少在幕府末期时，并非为祭祀初代学主三宅石庵以来的怀德堂历代教授的祠堂，而更具有中井家祠室的性质。

以上事实，不仅表现了祠堂的性质，而且在表现怀德堂这一学校本身的基本性质方面也意义重大。怀德堂是于1724年（享保九年）由大阪的豪商设立，并邀请三宅石庵做学主的一所学校，即所谓的民营学校。二年后获得官方许可，公认怀德堂为大阪学问所。学校用地在名目上，采取了幕府下赐的形式。而校方则对此加以保管，因此，学校事务长称为"保管人"。但因为学校的基本运营，其后也是由大阪商人主要负责，所以在实质上，可以说是一所"半官半民"的学校。学主当初禁止世袭，随后解禁，自第四代学主中井竹山以降，基本上均由中井家族的有关学者担任学主直至幕府末期。怀德堂具有中井家私学的性质也无法否定。

另外，从明治到大正时期，怀德堂开展了一系列的显彰与复兴运动，其中值得注意的是，对于复兴及显彰运动，相关人员在意识方面有微妙差距。作为中井家族子孙以复兴中井家学为目标的中井木菟麻吕，与认为怀德堂不仅是中井家私学的学者，尤其是负责纪念会的西村天囚之间，在观念上存在着微妙差距甚至有过争执。① 但至少对木菟麻吕而言，"祠堂"这一祭祀空间的位置与祭祀甃庵以后的中井家历代教授的"神主"的存在，正可以明确表明怀德堂乃是中井家族的学校。

以上主要对历代怀德堂学舍的构造，尤其是对"祠堂""祠室"进行了概述，以下将从其他角度来探讨其特点。

三、"观光院"——梦幻的京都学校

天明二年（1782），中井竹山受京都朝臣高辻胤长（1740—1803）之命开始设计皇宫御所内的学校，后将成果总结为《建学

---

① 通过为大正天皇献上的怀德堂的编年史《怀德堂纪年》，考察两者关系的，有竹田健二氏的一系列论文。参看同氏《〈怀德堂纪年〉とその成立過程》（《中国研究集刊》三二号，2003年）、《［资料介绍］宫内厅书陵部藏〈怀德堂纪年〉》（《怀德》七二号，2004年）、"［资料介绍］新田文库本《怀德堂纪年》"（《国语教育论丛》十三号，2003年）。

私议》（天明二年壬寅七月），并与图纸一并呈上。据《建学私议》（《竹山国字牍》所收），竹山根据《易经》将校名命名为观光院，认为应当尽量取御所境内土地，建造"圣堂"，应在日本绝"十哲"等俗习定配享之法，学派当以程朱为宗[①]。另外还根据中国古典文献中的典故对校内的各个建筑加以命名，整个学校的占地面积多达六十间四方。竹山还将京都该学校与江户的昌平簧及大阪的怀德堂一起，并列为三都的官立学校。

后来，因京都大火该计划搁浅，梦幻的京都学校也终于未能实现。竹山所设计的图纸曾一度散佚，后于昭和五十五年（1980）被发现，其设计在梅溪升《新出の新造学校观光院图について》（《大阪学问史の周边》）中有过详细介绍。

在图4中，可见"新造学校观光院图"的标题，并有"天明二年壬寅孟秋　大阪中井积善私拟拜呈　门人古林尚柔谨誊"的附记。古林尚柔，为竹山门人古林谦斋，中井竹山有《古林君明圹志》（《奠阴集》）。

通览该图纸，可见土地中央后方（北）有"圣堂"，"圣堂"前方（南）为二间计四十八叠的"讲堂"，其两侧各配置十八叠的"东厢""西厢"。或因观光院的基本性质与江户的昌平簧同样为"官学"，所以图纸上未见祠堂。此点与怀德堂有极大差异。作为官方学校的昌平簧及其他的藩校，校内虽备有圣堂，却并无怀德堂内所设置的历代学主的祠堂及祠室。

由此也可重新理解怀德堂所具有的半官半民的性质，以及在空间上公私折中的特点。

[①] "其配享之义，假之舍菜之时姑且御事，若圣堂御建立时节，屹度以御议定，御立永制，废绝十哲等之俗习，于吾日本亦当有配享之法。"

四、重建怀德堂的祭祀空间

最后，笔者将在本章中对大正时期重新建设的怀德堂（即所谓的重建怀德堂）稍加论述。怀德堂未能适应幕府末期的社会变革，与幕府共同结束了历史使命。明治二年（1869），怀德堂最后的教授并河寒泉与中井一家离开了怀德堂，移居至府下的本庄村。怀德堂 140 余年的历史终于落下帷幕。

但是，约 40 年之后，怀德堂的复兴运动又开始盛行，遂决定重建怀德堂。明治四十三年（1910）一月，在大阪人文会的席上，西村天囚以《五井兰洲传》进行了演讲，会上还决定了成立怀德堂纪念会。

显彰怀德堂的活动也积极开展，纪念会从明治四十四年以降，开始在每年十月五日前后的星期六举行纪念祭（恒祭、公祭、恒典）。同年，怀德堂的贵重资料以《怀德堂五种》的形式复刊，西村天囚在报纸上连载的《怀德堂研究》《怀德堂考》也付梓刊行。而且还在大阪府立博物馆举办了怀德堂资料的公开展览会。前文所考察的屏风，便是当时制作并展出的展品。大正四年（1915）重建怀德堂的设计图正式完成，并于八月开工，于翌年九月竣工。当然，怀德堂公祭也作为例行仪式延续下来。

那么，重建之后的怀德堂对于祭祀问题又作如何考虑？据图 19 的"重建怀德堂设计图"及图 20 的"重建怀德堂平面图"，讲堂后方（东侧）有坛，坛的后方有类似带门的祭坛。在图纸上称之为"祠堂"。

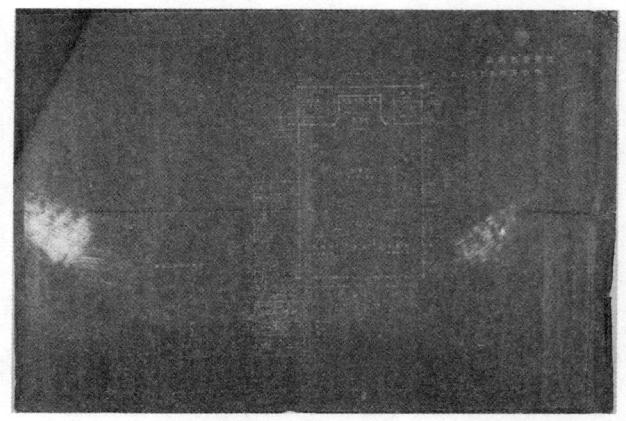

图 19　重建怀德堂设计图

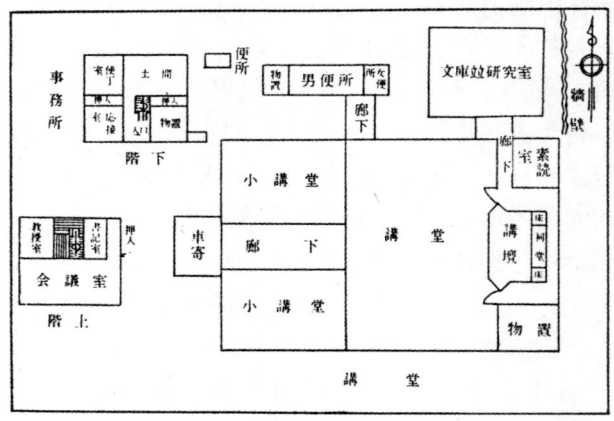

图 20　重建怀德堂平面图

另外，在大正十五年制定的《怀德堂纪念会奉祀规定》中，则有如下记载。

　　・第一条　怀德堂纪念会为奉祀于本会之事业有功劳之物故者，每年举行一回恒祭

　　・第二条　奉祀者由理事会铨衡之，由评议员会协议决

定之

在举行祭礼时,向"怀德堂师儒诸先生神主"以及"怀德堂纪念会物故师儒先生功劳者诸贤"的神位奉上供品,在祭坛前由纪念会理事长朗读祭文。在大阪大学"怀德堂文库"中,还留有从大正二年至昭和五十六年的祭文①,图 21 为祭文中一例。图 22 为昭和十四年(1939)中井木菟麻吕在朗读告文的照片,从中可见后方两个巨大的神位。

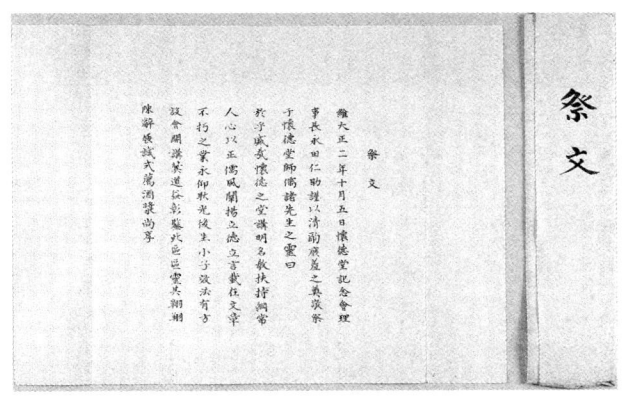

图 21　祭文

---

① 纪念祭即使在战争中也未中断,昭和十年代、二十年代的祭文以及各年度的祭文也得以保存。只是其中的昭和三十四年及三十五年的祭文散佚不明。另外,昭和五十七年开始,结成了怀德堂友之会,作为替代纪念祭的活动,在中井家的菩提寺誓愿寺每年春季举行怀德忌。

图 22　中井木菟麻吕在朗读告文

由此可知，在大正时期重建的怀德堂里，虽然并无作为独立建筑的祠堂，但是讲堂后方的祭坛替代了祠堂的功能，而且，儒家祭礼也一脉相承地延续下来。另外，祭祀的对象，则正如江户时期的怀德堂，并未限定于中井家历代的教授，而是广泛地包括了江户时期的怀德堂教授，以及明治、大正以后为怀德堂做出贡献的先辈们。

结　语

在治学方面，怀德堂初代学主三宅石庵一面坚持以朱子学为本，一面又灵活地采纳了诸学的优点，其学问被揶揄为"鵺学问"。[①] 但是，自从助教五井兰洲及第二代学主中井甃庵确立了严格的朱子学的路线之后，直至幕府末期，该路线一直未变。

然而，从中井履轩的经学研究中可以明确得知，怀德堂的朱

---

① 鵺为传说中的怪兽，头似猿，足似虎，尾似蛇。在《先哲丛谈》中，记载有"世呼石庵为鵺学问。此谓其首为朱子，尾为阳明，而声似仁斋也"，香川修德（号太冲）之言。

子学，并非完全是朱子注释的羽翼。怀德堂学者不但对于以朱子为主的中国学者的观点，还对于经文本身提出了大胆的新解释。如自三宅石庵以降被继承下来的怀德堂学派的代表学说"《中庸》错简说"，便是对《中庸》的文本排序提出的异议。从这一点上也可以认为，怀德堂学派虽然处在朱子学的大框架之内，却极具"自由""独创"的特色。

另外，对于日本儒者而言，接受中国的文物及学问，因为无法照搬原样，有时会成为一个极大的难题。祠堂设置便是一个典型的事例。而怀德堂学派的接受方式，是在最大限度尊重朱子学精神的前提下，结合日本的实际情况，准备了灵活的替代方案来解决难以照搬的难题。江户时代的学者在朱子的规定上达成妥协以接受中国文化。怀德堂的祠堂便是这样一个如此苦心孤诣的祭祀空间。

（《大阪大学大学院文学研究科纪要》，2006年3月第46卷，第1~36页）

俄罗斯军舰迪阿那号与怀德堂
——并河寒泉的"攘夷"

序　言

　　嘉永七年（1854）9 月 18 日，一艘外国船在大阪湾安治川河口、天保山下的海面抛锚泊定。该船正是俄罗斯海军中将普嘉廷（俄语 Путятин，ЕвфимийВасильевич；英语 Jevfimij Vasil´jevich Putjatin）率领的军舰迪阿那号。

　　迪阿那号于 8 月 24 日，肩负与日本缔结条约的特命，从桦太对岸的皇帝湾出航，8 月 30 日进入箱馆港。9 月 5 日，普嘉廷向幕府的（幕府の高岩）发出前往大阪的文书之后，9 月 8 日从箱馆港出发，经过纪州日高郡南盐屋浦、加太浦海域，9 月 16 日达到和歌山城下海域。又经过岸和田海域，进入濑户内、播州明石郡东垂水村海域后东进，于 9 月 18 日闯入了大阪湾。

　　同日未刻，西町奉行所收到急报，川村对马守（长官）修就骑马急行报信。但俄方二十余名海军已乘坐两只小艇（launch）从安治川第四街上岸。对马守一面命令俄方退回，一面用小船封锁安治川口航路阻止俄方上岸。而此时没有收到任何预报的大阪城则陷入了一片混乱之中，大阪城代、两町奉行慌忙研究对策。①

当时，日本与国外交流的第一外语为荷兰语。在与俄方交涉之际，曾使用通晓荷兰语的适塾学生一事也是众所周知的。② 然而，在交涉中还使用汉文进行了笔谈，在当时，外交文书中必须有一份为汉文写成。因此，在迪阿那号来航之际，作为大阪学校怀德堂的教授也前往了天保山准备与俄罗斯方进行笔谈。③

怀德堂本来是由大阪豪商于享保九年（1724）创设的私塾，而两年后的享保十一年，又受到官方许可成为大阪的学校。至中井竹山、履轩兄弟的时代，怀德堂隆盛一时，甚至超过了江户的昌平簧，其门下人才辈出，有富永仲基、山片蟠桃、草间直方等近代的精英知识分子。在未常设外国翻译官的大阪，怀德堂成为值得信赖的知识据点。

有关此点，在怀德堂研究最重要的基础资料——西村天囚《怀德堂考》中曾论述如下。④

---

① 普嘉廷将从箱馆港直行大阪的文书发送给老中为 9 月 5 日，而文书抵达江户是在 9 月 28 日。

② 绪方钰次郎在《露舰大阪入津と绪方塾》（《上方》第 133 号，1942 年）中，介绍了适塾的二宫敬作之子逸二（嘉永七年闰七月四日入门的适塾生），在迪阿那号来航四日后的 9 月 22 日，写给父亲敬作的书信。其中，可知伊藤慎藏、栗原唯一等作为绪方洪庵代理作为"民间的代理翻译"充当过翻译，但至于如何翻译及谈判等则所记不详。

③ "天保山"，为天保二年至三年（1831—1832），在由浚渫安治川时堆积起来的沙土所建的防波堤上，大阪三乡置目印山番所。有时记录为"目印山""目标山""天保丘"等，在本章中，除特别需要与原文一致时，皆标记为通称的"天保山"。

④ 《怀德堂考》下卷（五十三）"鲁舰应接与御城入"之项。以下，在原文的引用之际，将旧字体改为先行字体。另外，《怀德堂考》的大正重印本、昭和复刻本等现在皆入手困难，笔者已先制作了将《怀德堂考》全页电子化的"电子怀德堂考 CD—ROM"。其详情，参看《電子怀德堂考の制作》（《怀德》第七二号，2004 年）。另外，包括本 CD—ROM 等怀德堂相关电子产品，可以以"怀德堂评论员"的形式，为申请者提供。其详情参看（财）怀德堂纪念会网站：HPhttp://www.aianet.ne.jp/~kaitoku/index.html。

> 嘉永七年改元，安政纪元九月十八日，因露西亚军舰入大阪湾，突入天保山冲。幕吏出差应对，命寒泉桐园为应接之史官，盖若今之通译，若外国军舰上有通晓汉文者，则当出面与之笔谈，二人休讲怀德堂之讲义，日日出差待命，时或以舟赴军舰，露舰中是否有知汉文者，是否与之有过笔谈则一概不详。未几去露舰，御用既毕，幕府赐寒泉白银七枚，桐园五枚，以酬其劳。

天囚指出，怀德堂教授并河寒泉及保管人中井桐园被任命为"应接史官"，对其功绩，后由幕府加以褒奖。但是，具体交涉状况，特别是是否进行了汉文笔谈，则一概不详。

对此，在中井木菟麻吕《怀德堂水哉馆先哲遗事》（以下简称为《先哲遗事》）中的记述稍有出入。

> 嘉永中，露西亚之军舰突入天保山冲时，寒泉与先考桐园共被命为应接史官，暂休怀德堂之授业，日日出差，有应接之事时乘舟进军舰，以汉文应接，事罢，官赐白银七锭，以赏其功，是于寒泉以汉文录其颠末，题为"拜恩志喜"，右之白银七锭之目录，台之原样保存，每年一回将其取出，以纪念当时。（"鲁舰入港之际，被命为应接史官"之项）

如此，在《先哲遗事》中记载，寒泉、桐园实际上"乘舟进军舰"，并使用"汉文"进行了"应接"。

木菟麻吕为代代担任怀德堂的学主（教授）以及管理人（事务长）的中井家族的子孙，在明治二年怀德堂闭校之后继承了中井家族的重要资料，并继续致力于怀德堂的复兴。《先哲遗事》，也是基于中井家族保存的资料以及并河寒泉的口述而成，特别是中井竹山以及履轩以降的记述十分详尽，有极高的史料价值。西村天囚所著《怀德堂考》中依据最多的资料，便是《先哲遗事》，对比两者即可得知，《怀德堂考》是如何因袭了《先哲遗事》的记述。

那么为何在该处的记述上,《先哲遗事》与《怀德堂考》存在差异?其原因可从《先哲遗事》中所言及的《拜恩志喜》找寻。木菟麻吕在书中明确指出,寒泉将此事情始末记录在《拜恩志喜》之中。其后在《寒泉之著书》中,又与主要著作《辨怪》并列出了《拜恩志喜》。

若如此,则通过考察《拜恩志喜》的内容,极有可能得到并河寒泉及中井桐园是否确实使用汉文进行过笔谈的答案。在俄罗斯军舰来航之际,怀德堂的教授采取了何种行动,其言行又反映了何种思想?本章将以《怀德堂考》中未曾言及的《拜恩志喜》为主,对此进行考察。

一 以汉文笔谈

在大阪大学"怀德堂文库"中,存在众多的近年收集而未整理的资料。与并河寒泉有关的资料,也以"并河寒泉文库"的拟称开始进行调查。虽然迄今为止未发现寒泉所记的《拜恩志喜》原本[1],令人遗憾,但万幸的是,尚有东京大学史料编纂所收藏的抄本存留。故本文以该抄本为主,来探讨《拜恩志喜》的内容。该写本于大正五年(1916)抄写,并由河总次郎收藏,在抄写时曾以天头批注的形式添加了部分校订。[2]

该抄本由表纸、扉页、"安政乙卯(二年)(1855)二月"的自序3页以及正文21页构成。又附加有"告祖先文"一页半(后记"安政乙卯正月朔旦")、"告怀德堂诸先修庙文"两页(奥

---

[1] 对于"怀德堂文库"的综合调查,以及基于此类的电子目录、贵重资料库等,有关数据库参看WEB怀德堂,http://kaitokudo.jp/。

[2] 根据《先哲遗事》《怀德堂考》,寒泉有二男七女,长子与三名女儿夭折,次子尚一(蜑街)也于20岁病殁。因此,寒泉并无嗣子,以京都并河总次郎之幼女承后。

付"安政乙卯正月元旦")等，为一篇总计 24 页的长文。

以下将按照正文对其内容进行梳理。日期则按照《拜恩志喜》中所记载的阴历。①

首先，9 月 18 日，阿那号来航以后的状况已如前所述，而寒泉则是通过友人清水伯锋于 18 日清晨所寄信件获知此事。信中记述了 17 日"昧爽""加多（太）冲"② 出现"夷船"，岸和田侯开始警备等错综纷杂的状况③。

同日下午，在怀德堂门前，身着"防火装"的"吏人"向西方（天保山方面）奔走，市街一片骚然，寒泉此时尚不知详情。同日夜，寒泉出讲"内山氏"宅时，才听下人说，因为夷船停泊于"天保丘"，所以主人（内山氏）已经两日未归序。寒泉此时才初次得知夷船来犯。

同日"初鼓"，两町奉行急命怀德堂保管人中井桐园（汲泉）赴天保山前的"市冈庄"（市冈新田会所）待命，若生病则派遣代理者。寒泉使门生藤枝公名陪同桐园先往。至寅刻，藤枝公名归序，寒泉也奉出差之命，急行前往市冈庄值勤室。

9 月 19 日清晨，"东曹八田氏（东町与力八田五郎左卫门）""西曹山本氏（西町与力山本善之助）"，跟从"海门衙曹太田氏（船手与力太田资五郎）"，乘"公鹢"赴"夷舰"。寒泉及桐园，与两町奉行同至天保山。当日，早有旁观者潮涌，两町奉行遂下令禁止观览。又有从兵库、西宫、尼崎、堺方面乘小船接近迪阿

---

① 包括迪阿那号来阪以及日俄谈判的详细情况，尚需对俄罗斯方资料、日本方的相关外交史料进行综合对比探讨，在此由于字数关系，仅以《拜恩志喜》的记述为中心进行论述。

② 位于现在的和歌山市西北约 10 千米。现为"加太"，史书上还作"加田""加多"等。在《拜恩志喜》中，也有"加多""加田"这两种表述。

③ 在当时的日本方有关资料中，有的将异国船的数量记述为四艘，有的则记为五艘，信息较为混乱。管见则以《浪华纪事》等"八九艘"的记述最多。

那号，以船载之蔬菜以及杂器与"夷物"物物交换者，奉行所逮捕十数人，才使接近者断绝。俄罗斯方面当日三次出动小艇，皆未能登陆，遂返回本舰。19日中，日本方面官员前赴俄罗斯舰，但寒泉则称："予未到本舰，不知其状。因云不得记。"说自身并未前赴迪阿那号本舰①。

寒泉与俄罗斯方面的间接交涉，为迪阿那号出现的第三日，即9月20日下午。当日，"三曹"（"东曹八田氏""西曹山本氏""海门卫曹太田氏"）抵迪阿那号，而并无公务的寒泉也初次获奉行之召。两奉行为其展示了一份以汉文写成的"夷奴文书"。寒泉一读之下，发现该文毫无章法，言不及义，不禁一喝。制作答书之命终未下达。

9月21日至26日，寒泉详细记录了天保山周边的戒备状况，并强调了其整然有序的布阵，但在谈判方面则无多大进展。

27日事态开始有所变化。该日，东西两町奉行登上大阪城。28日将万年桥头的民舍设为"应接司官舍"，寒泉一行移至值勤室。该日又应俄罗斯方要求，提供了"十槽"水。西町与力山本善之助担当此任，同时，为防止对方万一提出登舰请求，遂请寒泉作谢绝登舰的汉文。水的供给顺利完成，而寒泉所作的谢绝文也终未使用。该日，寒泉还奉命写就了两封命迪阿那号下田回航的指示文书（一封用于通知俄罗斯方，而一封则用于通知下田奉行）。

两日后的10月1日傍晚时分，使者至，称收到了俄罗斯方文书。由于腰疼，自前日起在怀德堂内静养的寒泉，遂赴值勤室出差。桐园已作答词，经寒泉检查，送达俄罗斯方。在官舍中，

---

① 南要《俄罗斯舰の大阪湾来航に就いて》（《上方》第一三三号，1942年），加之前记的与力三名，还记载了"兰学者绪方洪庵、汉学者并河寒泉等一行六名乘船赴露鉴"，洪庵与寒泉乘船前往则为误记。

八田、山本两中级官僚告知寒泉，明日（10月2日），将登俄罗斯本舰。寒泉答曰："固所愿也。"就寝。

10月2日晨，小雨中，寒泉与八田、山本两与力登皆乘小船，与俄罗斯方札艇在湾内海上接舷，遂开始谈判及笔谈。日本方皆佩刀。

据寒泉观察，与寒泉笔谈者年五十余岁，有"须"无"髯"，白发交杂。鼻不甚高，色不甚白。① 喜怒之情不假掩饰，谈判之间其感情露于颜表。对方以鹭笔记录汉文，该汉文易读易懂，与前日（9月20日）之物迥异，并非同笔所为。②

另外，在迪阿那号上，同乘有通晓汉语、汉文的卧斯结威（俄语：Иосиф Антонович Гошкевич，1814—1875年。后为首任驻日俄罗斯领事），与寒泉笔谈者，是否为卧斯结威，未详。另外，寒泉记录此人"年五十有余"，而嘉永七年（1854）的卧斯结威则为四十岁。

此次谈判，未能得出什么大的结论，谈判途中俄罗斯方归舰。翌10月3日，迪阿那号突然从天保山海域退去。以下为诸多史书上众所周知的记录，10月15日，迪阿那号入港下田，23日开始与到达此地的日本全权代表团谈判，12月15日，谈判达成协议，21日，签署了《日露和亲条约》。另外，以下一段美谈也广为人知。11月4日的安政大地震的大海啸使迪阿那号遭到严重破坏，并在回航途中沉没，后在日本方面的协助下于户田得以重建（为日本首次建造洋式帆船），终于回国。

如上文所述，略读《拜恩志喜》即知，寒泉与俄罗斯方确有接触，有通过文书进行的间接谈判（9月20日及10月1日），

---

① "与予笔谈者，年五十有余，有须而无髯，脱帽则多发斑白，鼻柱不太隆，面色不太白，其性喜怒不常，应接间，一有不适意则忿，有适意忽喜。"

② "书用楷法，以换螺文蟹字，又以成汉语，比诸前日所见，易读且鲜，想非同笔也，书亦稍异。"

也有在船上通过笔谈进行的直接谈判（10月2日）。若如此，则《怀德堂考》与《先哲遗事》在记述上的差异，可以说在于是否读过此《拜恩志喜》。对于仔细保管中井家族所传文书的木菟麻吕而言，正因其知道该书的存在，所以才明确记述了《拜恩志喜》为寒泉的著作，也正因其知道该书的内容，才毫不犹豫地记述了汉文笔谈一事。

而《怀德堂考》之所以记述汉文笔谈未详，则只是因为未读过《拜恩志喜》而已。当初，以报纸连载"怀德堂研究"的形式开始的《怀德堂考》，需要在短时间总结怀德堂创立以来二百余年的历史，虽然著者是根据《先哲遗事》执笔，但面对庞大的原始记录，需要大幅节略记述，而且对于各种情况，无暇逐一核实原典，因此便发生了两者在记述上的差异。①

当然若进一步设想，或存在如下可能，即天囚已知《拜恩志喜》的相关内容，但因内容之故，而故作无视，或故意隐蔽真相。

二 "皇国"与"夷狄"

接着，本章将对《拜恩志喜》所反映的寒泉的思想进行探讨。首先，对于迪阿那号的称谓，寒泉在本书中称作"鲁西亚夷船""夷舰""夷舶"，在书中附录的《告祖先文》中称作"鲁夷师舰""夷舰"，一同附录的《告怀德堂诸先修庙文》中称作"鲁

---

① 另外，在《大阪市史》二（大阪市参事会编，1914年）中，在记载迪阿那号来航之际，将《拜恩志喜》作为所据资料之一进行列举，一部分还引用了原文。但是，"对于（大阪）城代之伺书江户表之第一指令，以廿六日到着"，接到老中的通知后迪阿那号退去等也与事实不符。如此，该书作者是否对并未记述的《拜恩志喜》的内容进行过探讨，尚有疑问。普嘉廷将从函馆直行大阪的通知书发送给幕府（老中）为9月5日，通知书送达江户为9月28日，对于大阪城代的答复书信，老中于9月29日发送，而书信抵达大阪则为10月3日。

西亚夷军舰""夷舰"。其中,"夷"表示夷狄(外国),本来是基于以中华与夷狄之别为前提的古代中国的华夷思想。但是,在当时以锁国为国策的状况下,仅此尚无法直接判断其是否基于华夷观念,而表明了强烈的排外思想。

但是,在各个记录当中,却留下了一些相当激进的措辞。首先,对于9月18日俄罗斯方以小艇登陆一事,寒泉记述为:"夷儿放札艇,犯入味水第四街,既上岸。"其中使用了"夷儿"及"犯"等词语。此外,在海上封锁之后,俄罗斯方曾三次试图登陆,当时,其小艇的操橹颇为娴熟。寒泉在记录中对此俄罗斯小艇的统制之良有所言及:"左右均之,击潮而进。数里一瞬,进退唯意,疾如飞鸟。"但在同时,也批判其为"宛然机发之木偶人",即宛如不具灵魂的机械,最后还加入一句甚为懊悔的评论:"机制之巧,固彼之长所耳。复奚羡。"

9月20日,寒泉在读两奉行展示的俄罗斯方的"夷奴文书"之后认为:"文灭裂,字潦草、有颠倒,有误字,不足上齿牙。"从这段蔑视对方不通汉文之体的表述文字,以及从"夷奴"这一用语上也可以读出寒泉当时的心理。

其次,还在10月1日,记载了据"内山氏"所传闻的关于俄罗斯人既拙笨又贪婪的故事。内山氏称,其与"夷艇"交涉之际,日本方的船中有"炉","夷狗"欲以火箸夹取其中炭火而未果,遂发怒而投火箸,内山氏遂夹取最小的炭火予之。此外,"夷儿"还欲得到日本方的灯笼,但是当日本方提出与俄罗斯方的玻璃灯进行交换时,却遭到了对方的拒绝。于是,寒泉认为这也显示了俄罗斯人的"贪惰利心"。

另外,在10月2日用汉文笔谈之际,寒泉对俄罗斯的船员进行了仔细观察,并对疱疮有所言及。寒泉称,以前听闻外国有种痘法,所以无疱疮之痕,但"舟奴"之中,有痘痕若蜂巢状者，可见此话甚为可疑。对西洋医学的发达状况表示了怀疑。①

而且，当日谈判之际的"夷情（俄罗斯人的情况）"，有辱神圣的外交谈判场合，毫无诚意可言，其态度可以总结为"虚喝""侮慢""诡谲"等三词。例如，在己方书写完毕之际，竟然独自倚船舷半卧，侧目远眺寒泉执笔书写答词。寒泉对其态度"不胜愤闷"，若借《孟子》之言，则简直可称作"禽兽"之所为。②

由以上种种内容及措辞可知，寒泉在谈判之际，对对方抱有极大的敌意及蔑视之情。此点在有关迪阿那号撤退后的相关记载中更为明显。

10月3日，迪阿那号拔锚，沿大阪湾南下，经加太，于10月5日日暮时分，消失在外洋海面。其后，迪阿那号为11月4日安政大地震引起的海啸所重创，在经户田返航途中沉没。寒泉从于关东见闻此事的"府人"处获知此事，并在书中有所言及。

在此需要注意的是，在获知此事之后寒泉的有关描述，"夷舰之覆灭，夷种之溺没，岂不痛快哉"，寒泉对迪阿那号的沉没大呼"痛快"，并断言凡是参与先前"天保丘之役"的人则无不高呼"痛快"。之后，寒泉又回顾了日本的历史，认为"皇国"向来不姑息"夷狄"，远则有征夷大将军坂上田村麻吕之虾夷征伐，近则有击退元寇的北条氏之例③。而且，"皇国"的地理位置四周环海，"不接外夷而可自足"，对夷狄的方针也正基于

---

① "舟奴中，有痘痕如蜂巢者，是其非夷种可知矣，闻外夷有种痘法，是故一无有痕者，而今如此，是可疑之甚者，惜夫不说诘其由。"

② "但应酬之况，渠已搁笔，则冯舷枕肘顿身，而流视予运笔，笔了授之，则遽然起身而受，其侮慢如此者，予目击之，弗胜愤闷也，然要之、禽兽而已矣，复奚难，邹夫子遗训存。"

③ "皇国待夷狄之法，不少假借，疾其屡至也，树征夷征狄二将军，以膺惩之，远焉田村将军之于英夷，近焉北条氏之于元夷，史册历历可征矣。"

此①。对寒泉而言，迪阿那号的沉没，正是无声之天谕，是"皇国""显然"的"赫威"所带来的"膺惩"②。

综上所述，则可以认为，《拜恩志喜》中所反映的寒泉的思想，并非是当时锁国之下一般民众所抱有的，对异国人单纯的恐怖及厌恶，而是一种强烈的攘夷观念。寒泉在对比"皇国"与"夷狄"，并论述了"皇国"的优越性的同时，还认为该"夷舰"的覆灭，正是因为侵犯"皇国"而受到的天罚。

如此激进的内容，对于西村天囚《怀德堂考》而言，究竟具有何等的意义？是否天囚正是看到《拜恩志喜》中的思想如此激进，才故意忽视，并记述迪阿那号一事为"未详"？

但是，《怀德堂考》对于并河寒泉的国粹主义及攘夷的立场，有如下清晰的记述。

> • 寒泉之为人严谨方直，虽燕居必危坐，平生朴素自安，衣服什器亦不厌粗恶，慷慨而尚志气，深为景慕赤穗义士，坐右常置《义人录》，收藏大石良雄真迹之墨及遗物之仿造品，出讲堂之时，大高源吾必佩模于木刀，喻之人以义气和魂。[《怀德堂考》卷下（五十八）"寒泉之晚年"]

> • 盛行尊攘说之际，每闻志士之周旋，有感奋不能措状，勤王家之诗歌等，随闻而蒐录，嫌忌洋风如蛇蝎，维新后亦不用洋品，谢绝面会洋服之客云云。（同上）

前者记述了寒泉严厉的性格，敬慕"赤穗义士"，尊崇"义气和魂"。而后者则记述了寒泉每闻尊皇攘夷派的活动便感奋不已，但对"洋风"却无比嫌恶，即使在明治维新之后也始终保持了此种姿态。以上记述也是基于木菟麻吕的《先哲遗事》，其中

---

① "皇国之方构，四屏八塞，非山则海矣，闭四门而不接外夷而自足矣，则其立法之意，亦其在于此也。"
② "抑今日夷舰之覆没于暴飚，我恐天不言，而有所喻也欤，要之，所以致也。"

对寒泉的思想毫无遮掩之意。

的确,与竹山、履轩等怀德堂全盛时期相比,幕府末期的怀德堂,已经开始走向衰退,对于此点,天囚也曾有过如下论述。

> 其怀德堂经书讲义之内容,为朱注一方之单纯解释,轮讲等亦不许交引诸家之说而上下议论,致游学诸生不满其学风,而竞相集于东畡之门(藤泽东畡之泊园书院)。……总之自硕果以来,取闭锁退婴之方针,寒泉桐园亦守其风,割据学校之中,竹山时代之大学,至此已成为名副其实的一所乡校。[《怀德堂考》下卷(五十二)"寒泉桐园与大阪诸儒"]

但是天囚认为,该现象也实为时代潮流所致,而并未对寒泉本人进行批判。天囚称:"然承父祖之流风余韵,绍儒林之世业,期学风之醇粹,高标置于俗儒之外,使人知正学在此,以使有归向之所,裨益世道人心不鲜",甚至对在如此时代背景下,寒泉还继承了怀德堂的学风一点进行了高度的评价。① 在《怀德堂考》的"结论"部分中,天囚认为"竹山履轩殁后的怀德堂,仅有强弩之末力,幸有寒泉,继承儒业,以至维新之际为多",也明显地表现了其对寒泉的肯定。

天囚并未对寒泉的攘夷观念持批判态度。因此,可以说在执笔《怀德堂考》之际,并无回避寒泉思想的必然性。若天囚认为《拜恩志喜》的内容不妥,则大可采取删除"鲁舰应接"等部分,仅记述以"汉文"笔谈而不涉及其详情等方法。但是天囚却将"鲁舰应接"当作了寒泉的功绩,还明确记述了幕府对其的褒赏。因此可以认为,对于是否使用汉文进行过笔谈一事,天囚之所以认为"未详"的理由,仅仅是因为其并未看到《拜恩志喜》中的

---

① 另外,在《怀德堂考》中,对当时的人物评价"浪华风流月旦"中可见寒泉之名。另外,在文久三年(1863),据将军家茂之命,选出寒泉作为入城儒者五人之一,对寒泉进行了彰显。

内容而已。①

三 寒泉的"攘夷"

在迪阿那号来阪之际，并河寒泉使用汉文进行笔谈的始末明确记录在《拜恩志喜》之中。其中，寒泉攘夷的姿势极为鲜明。那么，对于寒泉而言，该事件以及其自身的行动到底有何种意义？

在10月3日迪阿那号从天保山退去以后，有关寒泉行动的记述部分中，或可找到答案。清晨，获知迪阿那号突然退去，寒泉等受官命分乘小船开始追踪。然当时恰逢暴风，追踪行动极其困难。迪阿那号本身也航路未定，后终于开始南进，向纪州方面而去。寒泉一行认为，迪阿那号必然通过和歌山与淡路岛之间的友岛水道，遂决定"加多之行"。

10月4日寅刻，寒泉一行分乘三艘小船，向加太出发，但因强风大浪无奈退回天保山，其中一艘下落不明。傍晚时分，获知该船已到达岸和田，遂归官舍，子刻就寝。

5日，依然风大浪高，遂决定除"舟行"外还并行"陆行"。即从水陆两方面进行追踪。寒泉、桐园、公名等为"陆行"组，

---

① 本来，天囚即使不去确认《拜恩志喜》，若原样照搬木菟麻吕《先哲遗事》的记述，也有可能会记述确实进行过汉文笔谈。但是天囚并未如此，当然可以说是因为天囚态度诚实，未确认《拜恩志喜》因而无法记述无证据之事。但是，另外一个可能性则是，天囚与木菟麻吕之间有关怀德堂的争执。从明治时代末期至大正时代初期，围绕怀德堂的振兴，两人产生了若干观点上的差异。作为中井家族子孙，以重振甃庵、竹山、履轩以来的中井家学为夙愿的木菟麻吕，与并未将怀德堂视为中井家族一家之学的纪念会（西村天囚）一方，多少有一些感情上的差异。对此，有对中井木菟麻吕为献给大正天皇而编写的怀德堂编年史《怀德堂纪年》的成立问题进行考察的，如竹田健二氏的一系列研究。参看同氏《〈怀德堂纪年〉とその成立過程》（《中国研究集刊》三二号，2003年）、《［资料介绍］宫内厅书陵部藏〈怀德堂纪年〉》（《怀德》七二号，2004年）、《［资料介绍］新田文库本〈怀德堂纪年〉》（《国语教育论丛》十三号，2003年）。

即乘奉行所安排之轿出发，午后，经堺及岸和田①，日暮时分于贝塚用晚餐。彻夜行进后，6日巳刻，到达加太一里手前的"加田之口"，遂卸轿休息。但是，从加太赶来的使者处得知，"鲁舰昨暮以去加田"。寒泉一行遂通过一里道急往加太，正午到达。闻夷舰已退去，午饭后，离开加太。7日，于岸和田用午餐，于堺用晚餐。"初鼓"，抵天保丘，归岸已是"四鼓"。

如此，寒泉从9月19日傍晚至10月7日深夜，"殆二旬"，暂抛怀德堂的校务，为此事奔走。② 在该事件中，寒泉有一些具体行动。其一，以怀德堂教授的学力，实际与俄罗斯方负责人以汉文进行笔谈；其二，追踪退去后的迪阿那号，急行纪州加太。

对于寒泉而言，这些行动无疑均为光荣的攘夷事迹。自前一年马休·佩里来航以来，攘夷之风日益高涨，甚至开始出现了一些打出行使武力口号的过激的"志士"。但是，对于代表知识分子的怀德堂教授而言，虽然无法如武士一般对异国人施以武力攘夷，然而，却可以凭借自身的所学，或受官命驱逐"夷舰"，10月26日幕府的褒赏，更是对该观念完美的解释。

安政二年正月，寒泉为怀德堂诸先之灵奉上《告祖先文》和《告怀德堂诸先修庙文》，其中一并对该事做了报告。对于幕府的

---

① 经堺、岸和田，均为日本大阪南部的地名。
② 在中井木菟麻吕为献给大正天皇所著的怀德堂编年史《怀德堂纪年》的草稿中，该事件记述如下。"（安政元年甲寅）秋九月十八日，鲁西亚军舰，倏尔入于府西海口，碇泊于避涛丘西南里许，府帅两定镇两衙尹，以至诸曹掾胥吏及侯伯庶邸之处守，帅群警卫焉，两尹驰书于书院，召寒泉桐园于市冈新田行衙，以命文笔应答之事，及鲁舰去，有加多之行，居丘二旬，以十月十七日，归岸。"该记述明显依据了《拜恩志喜》。但是，将"归岸"记为"十月十七日"，则是《怀德堂纪年》的误记。另外，该草稿，经过怀德堂纪念会大幅删减之后，献给大正天皇，现在该献上本则保存在宫内厅书陵部中。对草稿进行加工的极有可能为西村天囚，其中，特别是对幕府末期的有关事情进行了大胆的删除，嘉永七年（安政元年）的该消息也未记载。但是，这是为了保持整体上的分量以及平衡，因此对幕府末期的有关事情加以割爱，而并非是对该事件的特意隐蔽。

褒赏，寒泉"不胜感铭之至"，并将其意义记述如下：

> 斯役也，事系外夷。而奉官命，以从事染翰，竟悉斯之恩赐。岂吾辈浅学能效之所哉。抑书堂之设，于今百有三十年。宽政中，文惠先生（中井竹山）逸史献纳之日，恩戴章服之荣，殊出异数，咸为先生学德渊茂所致，吾辈今日之荣，亦为诸先生余德之所致。（《告怀德堂诸先修庙文》）

寒泉称自己乃是"奉了官命"，担任了与"外夷"谈判之职，并以本身擅长的"染翰"（文笔），取得了伟大的成果。进而又将这份荣光与外祖父中井竹山为幕府献上《逸史》并得到褒赏之事相提并论。竹山曾在宽政年间，应幕府之请求，以德川家康一代记的形式完成大著《逸史》，并受到幕府"章服（时服）"的赏赐。对寒泉而言，自身今日的"攘夷"行动，完全可以带来匹敌怀德堂全盛时期竹山的快举。《拜恩志喜》这一名称，即是拜赐此褒赏之恩，以志其喜之意。

那么，寒泉的这种思想是如何形成的？最后就此问题言及二三。

怀德堂自明和八年（1771）前后开始集结全力编写水户藩的《大日本史》，此书的一部分保存在怀德堂中。怀德堂初代学主三宅石庵之弟三宅观澜作为总裁，参与了《大日本史》的编纂，该书特点在于以南朝正统论的观念论述大义名分。怀德堂中参与该书编写者37名，校订者为三宅春楼、中井竹山、履轩、加藤景范等4人。也由此可见怀德堂与水户学之间的紧密关系。

另外，还可以举出与显示怀德堂的历史学观念相关的"正闰论"。所谓正闰论，是通过大义名分解释历史，严密探讨王朝正统之论，"正"即正统，"闰"即非正统的天子之位。例如，中井履轩的《通语》，为从保元之乱至南北朝的约260年间的历史书，其中，履轩提出了尊王斥霸（尊皇室斥霸王）论，从大义名分论的立场上，承认了南朝的正统。

怀德堂继承了"尊王（尊皇）"这个基本的立场，至幕府末期，扩展为"攘夷"思想也就不难理解了。本来《拜恩志喜》可以说体现了寒泉个人的澎湃激情，但是必须承认怀德堂本身才是酿成如此思想的基础所在。

一方面中井竹山为松平定信呈上的《草茅危言》中，有"虾夷"一项，其中，在虾夷经营中言及了"北狄"的威胁。另外，在幕府末期的怀德堂，有以夜间课程后所谈的谈义为主的《怀德堂夜话》（谈者中井硕果，笔录者为其门人野村广善），其中也言及过俄罗斯。即天保八年6月12日的夜话中谈到米价高腾，硕果认为"日本土地肥沃"，处处皆可种植稻米，而"俄罗斯等，则存在千里之间无法种植一粒稻米的土地"。此种俄罗斯观为怀德堂的共同认识，因此也可以认为，这对寒泉的攘夷思想也有一定的影响。

结　语

明治二年（1869）12月25日，并河寒泉离开了废校后的怀德堂，移至城北的本庄村。在此仍旧集结门生，挂起"怀德堂"的匾额，暂时与桐园一起继续授课。晚年将所剩无几的残发结为一个小发髻，保持结发遗风而一直反对断发（《先哲遗事》《怀德堂考》）。明治维新之后，寒泉的志操也一如既往。

然而，拥有一百四十余年历史的怀德堂终于闭校，日本开始与外国通商，外国人开始登陆大阪、神户。整个时代向着寒泉不愿看到的方向发生了极大的转变。嘉永七年，寒泉毅然参与的"攘夷"，这曾是文人最为向往的"攘夷"行动。不过，若寒泉看到当日"攘夷"所驱逐的"夷奴"，今日却阔步在大阪街头的样子，不知会做何感想？明治十一年2月6日，寒泉卒。享年83岁。

（《国语教育论丛》，2005年3月第14号，第151～163页）

第二部分　怀德堂的文化与电子图书馆

第二部分　怀德堂的文化与电子图书馆

书简与扇的数字图书馆

序　言

江户时代的学堂"怀德堂"留下的约 5 万件贵重资料，现在作为"怀德堂文库"收藏在大阪大学。[①] 2001 年，大阪大学创立 70 周年之际，开始建设"怀德堂文库"数字图书馆，此后，每年积累的成果，在"WEB 怀德堂 http://kaitokudo.jp/"网站进行公开。

制作该网站，最花费精力的便是对多种多样资料进行处理。文献资料在进行数字图书馆建设时相对容易，但其他资料还必须留意其形状及特征。

本章便是通过以往不常见到的书简（书信）与扇（折扇）的数字图书馆建设，来介绍大阪大学的相关成果。

一　书简

书简（手写信件），在古文书中是最难读解的资料。因为书简中记载了只有当事者才明白的信息，有时还使用相当潦草的草体进行书写。

[①] 怀德堂的基本情况，参看《怀德堂事典》（汤浅邦弘编著，大阪大学出版会，2001 年，增补改订版 2016 年），以及《怀德堂研究》（汤浅邦弘编著，汲古书院，2007 年）。

近年从怀德堂历代学主居住的菩提寺誓愿寺（大阪市中央区）中，发现了曾致力于怀德堂纪念会创设（1910 年）的西村天囚（1865—1924）的 27 封书简。"怀德堂文库"从这些书简中选择一部分记录了明治时代末期怀德堂纪念会创设经纬的重要书简，制成电子资料，资料包括画像、翻刻、注释和解说。

怀德堂纪念会是以显彰江户时代的怀德堂（1724 年创立，1869 年闭校）为目的的财团法人，在大阪财政界的协助下于明治四十三年（1910）设立。

西村天囚则是重建怀德堂的理事兼讲师，名时彦，字子骏，号天囚、硕园。生于鹿儿岛种子岛。明治十六年（1883）就读东京帝国大学古典讲习科。中途退学，进入大阪朝日新闻社，之后致力于怀德堂纪念会的创设，并在大阪《朝日新闻》上连载"怀德堂研究"，努力宣传怀德堂。其连载后结集为《怀德堂考》，至今仍然是怀德堂研究最基础的文献。

西村天囚于大正五年（1916）怀德堂复兴后，出任怀德堂理事及讲师，主要著作有《日本宋学史》。晚年致力于搜集《楚辞》《尚书》相关研究资料，天囚的书斋因《楚辞》而起名为"读骚庐"。现在大阪大学"怀德堂文库"汉籍中的《楚辞》相关资料还被总称为"楚辞百种"，是文库的重要收藏之一。

2013 年 4 月，大阪大学怀德堂研究中心，将天囚的这些书简制作为电子资料"西村天囚书简"进行展示。（http://kaitokudo.jp/tensyu/tensyu_top.html）

首先，在首页（如图 1 所示）上配置了全部 27 封书简的图标，以及发信人西村天囚与收信人中井菟麻吕的肖像画。有关书简的全部解说以及西村天囚与中井菟麻吕的人物介绍，只要点击各自的蓝色图标就可以阅览。

图 1　"西村天囚书简"首页

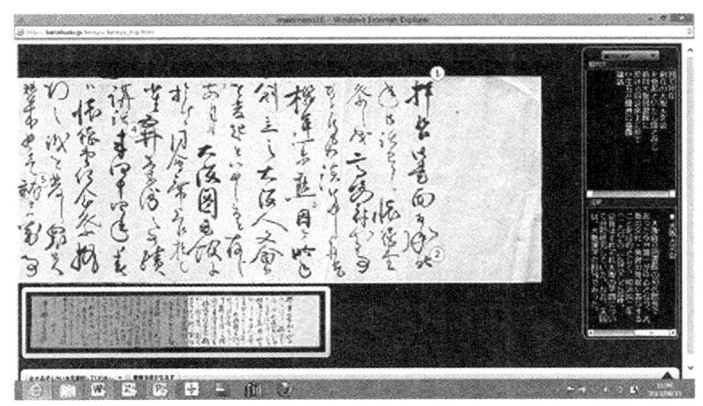

图 2　各书简的图像、翻刻及注释

其次，只要点击各书简的图标就可以看到图像（如图 2 所示）。书简图像的上部显示局部图像，下部则显示整体图像。局部图像标有书信号码。用草体字书写的书简很难判读，因此只要点击书信号码，对应的翻刻文及注释就会显示在画面右侧的上端与下端。阅览者可以一边点击书信号码，一边阅读书简。还可用鼠标拖动图像，现在的阅览位置将显示在下方的整体图像中。

介绍江户时代以及明治时代书简的书籍数量很多，但多数仅有照片。有的即使附有照片的活字翻刻本，但对于不能阅读草体字的读者来说，很难判断这些翻刻文字到底对应的是照片的哪个部分。

另外，纸本媒体的公开，只能提供单方面信息，而通过电子资料，阅览者则可以得到各书简的翻刻、注释等信息。因此，这是既可以明确得知百年前怀德堂纪念会设立时的状况，也可以帮助阅览者得到新信息的宝贵的电子资料。

二 折扇

如何理解日本传统文化的扇（折扇）也是一个重要问题，例如江户时代怀德堂的学者中井履轩（1732—1817）制作的"圣贤扇"，作为200年前的资料，每次打开或折合该折扇时就会令人极为忐忑不安，因此，怀德堂研究中心决定制作"圣贤扇"的电子资料，在网上公开展示。（http://kaitokudo.jp/ougi/index.html）（如图3所示）

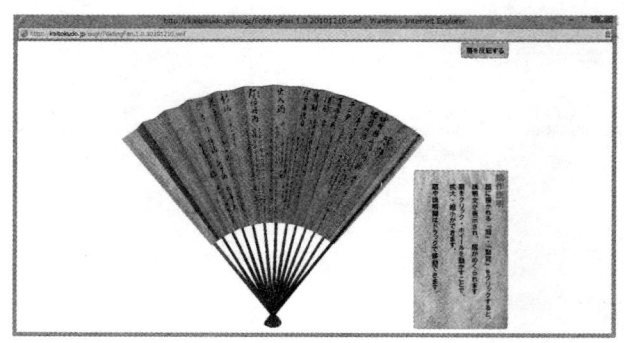

图3 圣贤扇

该扇扇面上以朱笔书写历代圣贤及学者名，反面将各位学者喻为酒并加以风趣的评论，正反面对照来看才恰得其妙。因此，该电子资料设计为可通过简单的鼠标操作，来对折扇的正反面进行对照阅览。观者在视觉上理解日本的扇文化的同时，还可感受到其中包含的尊重儒教的理念。

该扇的外形尺寸为上弦长 54.5cm，宽 16.4cm。原本佚失，现存之物为文政三年（1820）履轩之子柚园书写。扇面的记载，由怀德堂纪念会刊行的《怀德》17 号附录的吉田锐雄《怀德堂水哉馆遗书遗物目录》进行了翻刻。

以下，将履轩的评语对照正反面各自记录如下。[ ] 内为反面小字书写的"酿评"。（ ）为笔者（汤浅邦弘）的注记。汉字使用通行字体，一部分略有改动。

- 孔孟（孔子与孟子）……伊丹极品御膳酒 [欲赞赏而词穷]
- 汉以来的俗学……诸国之酒 [有上酒也有粗酒，因处所时刻而各有差别，但好处有限，恶处无穷]
- 老庄……萨摩泡盛 [偶尔可赏玩一盏，却不入酒宴]
- 释（佛教）……红葡萄酒 [夷狄人饮之似津津有味]
- 道家……保命药酒 [名目虽好无人取之]
- 神道……浊醪 [古代以此济事耶]
- 禅……烧酒 [为避暑驱积气也可小酌一杯。但心内须知毕竟为毒]
- 程朱（北宋的程明道、程伊川与南宋的朱熹）……伊丹并诸白 [看似皆为江户上酒，但因制造用具古老，稍有串味。且实漓足弱。此为不及御膳酒之处]
- 明诸儒（明代的儒者）……火入酒 [能改酸酒确是手段。然酸味虽改却灰气扑鼻。乃知酒之非改也]
- 阳明（明代的王阳明）……赝伊丹酒 [虽有急度伊丹极上御膳酒印记，实为粗酒掺烧酒，当以玻璃杯或小酒杯饮之。不可烫酒。]
- 仁斋（伊藤仁斋）……新酒 [下户好之]

・徂徕春台（荻生徂徕与太宰春台）……杀鬼酒［粗放有余不以为酒］

一方面，本资料中将孔子、孟子的正统儒学绝赞为"伊丹极上御膳酒"。"伊丹"为现在兵库县的古名，在当时就作为名酒的生产地而著名。而另一方面，对汉代以后的儒者——宋代、明代的儒者的评价却越发严厉，而且，对儒家以外的老庄及佛教、神道、禅宗等也是措辞严厉，对荻生徂徕与太宰春台更是施以酷评。通过履轩对诸学的评价，可以说该资料明确显示了履轩的反荻生徂徕的立场。

但迄今为止，对该扇面的文字进行直接展示非常困难。在展览会上展出时也仅能够展示其中一面。如果能将该扇子竖立在玻璃罩内进行展示，则两面均可阅览，但必须用细线对扇子进行固定，恐怕会损伤资料。

因此，"圣贤扇"电子版便设计为正反面均可显示的模式，而且鼠标点击一次就可以反转显示反面，也可以对图像进行放大。

而且，本资料还明确显示了正反面的文字是如何相互对应的。例如，用鼠标点击"酿评"的"伊丹极品御膳酒［欲赞赏而词穷］"，释文就会显示出来，再次点击后，画面就会将反面的"孔孟"用红色显示出来。这样就会很容易明白孔子与孟子被评价为最高级的吟酿酒。

同样，只要点击"阳明"，反面的"酿评"的"赝伊丹酒"就会显示为红色。也就是说，阳明学虽然类似孔孟之学，但却是"赝品"。该资料显示了江户时代对学问的评价，引人注目。该电子资料能将视觉特色最大限度地表现出来。

另外，中井履轩为何将这样的批评记在扇子上呢？笔者进行了如下的推测。因为扇子合起来好像一根棒，而展开后成为扇形。如同扇子的这种特性，诸学派追求的本来都是同一个道，但展开了各自的理论后,却产生了很大的差异。之所以要记在扇子上,正是暗示了这样的一个道理。

而且,将此扇称为"圣贤扇",是履轩自己命名还是后人命名,已难考证。但是,无论如何,将圣人比喻为清酒、将贤人比喻为浊酒,说明圣贤与酒具有密接的关系①,将记录酿评的扇称为"圣贤扇",兼具双重意义,引人注目。

三 WEB怀德堂的发展

以上介绍了"西村天囚书简"与"圣贤扇"。而在"WEB怀德堂"（http://kaitokudo.jp/）中,还公开了其他多种多样的电子资料。

除将汉籍制作为电子书籍进行公开以外,数字图书馆还积极将多种多样的器物电子化。其中有印章及版木、医学书及本草书（动植物图鉴）、屏风及模型等,有些属于日本数字图书馆中独一无二的资料。具体情况如下。

(1)"怀德堂文库电子图书目录"……可以对《怀德堂文库图书目录》中收录的全部约三万六千件资料进行检索。而且与(2)的数据库链接。

(2)"怀德堂贵重资料数据库"……可以对"怀德堂文库"资料中最重要的约400件资料进行检索。还附有高清晰度的图像和详细的解题。

(3)"怀德堂印章展示"……是"怀德堂文库"中保存的超过200方印章的电子资料库。通过3D图像,用鼠标操

---

① 所谓"圣贤",原为圣人与贤人的并称,有将圣人比喻为清酒,将贤人比喻为浊酒,或广义用作酒的用法。如唐白居易《和梦游春诗一百韵》中有"九醞备圣贤,八珍究水陆",宋苏辙有"九日阴雨不止病中把酒示诸子"诗之三中有"庭菊兼黄白,村醪杂圣贤"等。

作可将印章旋转，并从任何角度进行确认。另外，中井竹山、中井履轩的印章，则全部可以与印谱《怀德堂印存》进行对照阅览。

（4）"怀德堂绘画屏风展示"……是"怀德堂文库"中保存的巨大屏风的电子资料库。可以阅览贴在一对 12 面屏风上的历代怀德堂学舍的绘图。

（5）"左九罗帖"……是中井履轩著的动植物图鉴（本草书）《左九罗帖》的电子版。通过简单的鼠标操作，可以像翻书一样阅览全页。

（6）"怀德堂四书"……在代表怀德堂的四书注释中，选取中井履轩的《大学杂议》《中庸逢原》《论语逢原》《孟子逢原》，对其全貌进行了介绍。关于《大学杂议》与《中庸逢原》，还附有从视觉上明确显示与朱子《章句集注》进行区别的"对照工具"。

（7）"天图演示"……对中井履轩制作的木制天体模型"天图"进行了转动演示。通过转动演示，能够充分理解履轩的天体观是折中了天道说与地动说，如何站在修正天道说的立场上。

（8）"越俎弄笔"……将中井履轩的医学书作为电子书进行了公开。不但可阅览全页，在重要的语句、印记等上，还附有引导阅览者鼠标点击的红框，点击后会打开辞典画面，来协助阅览者进行解读。

（9）"怀德堂文库藏版木《画本大阪新繁昌诗》"……从"怀德堂文库"保存的约 300 枚版木中，选取保存状态最良好的《画本大阪新繁昌诗》进行了数字化处理。这是木版印刷时代的原版，而且作为保留有著作权的版木，在世界上也现存不多。在该电子资料中，使版木与版本相互对照，也可用于验证某版本是否为怀德堂的版木所印制。

世界上称为"某某文库"的收藏，多为书籍。"怀德堂文库"虽以书籍为主，但还包含有众多的器物。具体为：书籍约 9300 部（53500 册），其中，汉籍约 6300 部，和书约 3000 部，器物约 600 件。而且目前，通过大阪大学的购买以及有关人员的寄赠，文库藏品数量一在增加，这也是"怀德堂文库"的一个特色，它可以说是一个活文库。

为了更加有效地利用和公开这样具有特色的文库，建设数字图书馆迫在眉睫。建设"怀德堂文库"的方法，同样适用于众多的图书馆、博物馆的数字图书馆建设以及电子出版等方面。希望通过介绍怀德堂的相关措施能够抛砖引玉，为世界的数字图书馆的发展尽绵薄之力。

另外，以上所述的资料，现在均保管在大阪大学附属图书馆贵重图书室中，而其电子资料，则在"WEB 怀德堂 http://kaitokudo.jp/"上进行免费公开。比起收取费用来增加收入，我们更加希望能让更多的人阅览到怀德堂的贵重资料。

（本篇是 2013 年 7 月 11 日，在中国甘肃省敦煌举办的"2013 年中文数字出版与数字图书馆国际研讨会"上口头发表的《书简与扇的数字图书馆——大阪大学怀德堂文库的相关措施》为基础，加以修订定稿而成。另外，笔者因本文还被该学会授予了"优秀学术论文奖"。）

近世日本汉学塾的印章
——怀德堂印的研究

序　言

在江户时代的大阪，有一所名为"怀德堂"的学校。其创始人为大阪的五位豪商，从享保九年（1724）至幕府末期，"怀德堂"一直作为大阪商人的学校而深受欢迎，人才辈出，培养了众多著名的学者。怀德堂中的 5 万件贵重资料，现收藏于大阪大学"怀德堂文库"之中，其大部分为汉籍资料，也有文献以外的器物收藏在此。其中的 240 枚印章及其印谱尤为引人注目。

与其他大型的器物及书籍相比，印章堪称微型资料。但其内容却包含了历代怀德堂教授以及相关人员的种种意愿。从印文中可以了解到怀德堂学派的学术特色以及历代教授的性格。这些印的造型也多具特色，而且通过印文的探讨，还可以推测这些资料的来历以及传承过程。因此，我们可从印章上窥见怀德堂一斑。

在以往怀德堂的研究中，向来对印章资料罕有涉及。本章将通过对印章资料的基础性研究，从新的角度来探讨怀德堂在日本近代史上的学术及文化特征。

一、《怀德堂印存》

为了通览怀德堂印的全貌，我们首先对《怀德堂印存》这一印谱进行探讨。该印谱，是从中井竹山至中井桐园的怀德堂诸位先贤的印影合集。

大正元年（1912），由怀德堂纪念会借来中井家子孙中井木菟麻吕所藏的中井竹山、履轩等人的印章制成印谱，限定百部以线装本二册形成刊行。其内容为，竹山印八十三枚、履轩印六十三枚、蕉园印十七枚、硕果印四枚、柚园印十七枚、桐园印四十二枚等①。对于为何从竹山印开始收录，而未收入初期怀德堂相关人员之印，可参看书帙内侧所记载的"明治壬子首春"的木菟麻吕的"附言"。据此，怀德堂初代学主三宅石庵终生未使用印章，而中井甃庵（第二代学主）、五井兰洲（初期怀德堂助教）、三宅春楼（第三代学主）等的印章则散佚不存，以此未能收录在内。此外，在该大正元年本中，卷末附载有"明治四十五年五月"西村天囚的跋文以及"大正纪元仲秋"中井木菟麻吕的跋文。

其后，该印谱在昭和年间增补再刊。如昭和十五年（1940）一月十二日，以野内丘外编刊行的同名书。该昭和版印谱中，对于"怀德堂"三字印等中井家散佚不传之印，也参考了诸资料的印影进行了模刻及钤印，比之大正版更为完备。装订分为线装三册本及七册本二种。

下面，通过"怀德堂文库"所藏之三册本来观其大略。首先在扉页记有"怀德堂印存"（狩野直喜挥毫），其次，将大正元年本卷末所附的天囚跋文作为序文，之后，接续有"昭和十四年之冬"木菟麻吕的序文。

文本（印影）部分，基本与大正元年本同样，变更部分排序，为竹山、履轩、柚园、蕉园、硕果、桐园的顺序。此外，各个印影的排序大有不同，印影数增加为，竹山九十二、履轩六十八、柚园二十二、蕉园十七、硕果四、桐园四十二。另外，在大

---

① 连印二面计数为一，两面印、子母印则各自以别颗计数。

正元年本中，未见有关于印影的注记，而在此昭和版中，有时还附有"前川虚舟刻""曾之唯刻""高孺皮芙蓉刻"等篆刻者信息，"陶印""铜印""水晶印"等材质信息，"两面印""连印""子母印"等形态方面的信息等情报。第一册为"竹山先生印影"，第二册为"履轩先生印影"及"柚园先生印影"，第三册为"蕉园先生印影""硕果先生印影""桐园先生印影"。

该三册本的书志信息如下。

  怀德堂印存　三册
  昭和14年（1939）、野内丘外编。
  〔尺寸〕各册24.7×15.0。郭内15.9×9.3。
  〔书式〕四周单边、使用无界纸。各叶表有钤印、"怀德堂印存"的耳题。背面无钤印。
  〔内题〕"怀德堂印存"。为"狩野直喜题"。
  〔外题〕各册均无。帙题签"怀德堂印存　全1函　3本"。图书标签"ラ739.8　KAI　怀德堂"。
  〔奥书〕第2册末尾的"编者识"有如下记载。"一、旧怀德堂有堂号三字石印尾藩石撫子所刻散逸不存今据旧谱摹刻卷首所揭是也　二、编中刻者名号据中井氏旧印谱不录印材者总为石印"。只是，该《印存》的册编号为一、二、三，何时由何人所记，实则不详。若按照大阪大学的接受编号，则为此顺序，但是，"柚园先生印影"末尾存在奥书，若对此更为重视，则也可能本来《怀德堂印存》的第一册为"竹山先生印影"，第二册为"蕉园先生印影""硕果先生印影""桐园先生印影"，第三册为"履轩先生印影"与"柚园先生印影"。①

〔印纪〕第 1 册，内题前叶书有"怀德堂"，在西村天囚序文第 1 叶有"大阪大学图书之印""昭和 26.9.10 受入 33167"。第 2 册开头部分有"大阪大学图书之印""昭和 26.9.10 受入 33168"。第 3 册开头部分有"大阪大学图书之印""昭和 26.9.10 受入 33169"。

〔装订〕康熙式线装（中国清朝康熙年间流行的线装方式。在四针眼订法的上端及下端又各加一孔）。第 1 册序文 4 叶、"竹山先生印影"58 叶。第 2 册"履轩先生印影"54 叶、"柚园先生印影"19 叶。第 3 册"蕉园先生印影"18 叶、"硕果先生印影"5 叶、"桐园先生印影"35 叶。

〔备考〕无。

〔藏书票〕无。

〔付笺号码〕"001097～001099"。

另外，七册本状况又如何？怀德堂纪念会所藏的七册本②是一份含有在重建怀德堂中任讲师的大江文城所写笔记的贵重资料。③ 七册本与三册本的内容基本相同，但整体的分册方式迥异。具体而言，第一册与第二册为"竹山先生印影"，第三册为"履轩先生印影"，以下各为"蕉园先生印影""柚园先生印影""硕果先生印影""桐园先生印影"，七册本在除装订方式上与三

---

① 参看草野友子《〈怀德堂印存〉の成立》（《待兼山论丛》第 41 号，2007 年），以及拙著《墨の道印の宇宙—怀德堂の美と学问—》（大阪大学出版会，2008 年）。

② 该资料曾作为怀德堂纪念会所藏资料进行保管，后为防止资料的分散，于 2005 年正式登录为大阪大学"怀德堂文库"资料。

③ 旁记大都为"石印方木纽""扶桑木""象纽"等有关材质及形状的内容。

册本有所区别外，其他则基本上与三册本相同。①

二、中井竹山印

以下来探讨各印文的相关特色。首先，在中井竹山印中引人注目的是，前川虚舟篆刻的"大阪府学教授"印（01）［如图 1 所示］、② 同"怀德书院教授"印（02）、高芙蓉刻的"积善之印"印（07）［如图 2 所示］、"竹山居士"印（08）、葛子琴刻"子庆氏"印（16）［如图 3 所示］同"积善印信"印（30）等。以上印影均为边长 4~6cm（即 1~2 寸）的方印，气势雄浑，反映了开创怀德堂隆盛时期的中井竹山的气概。

图 1　大阪府学教授

---

① 但是不知何故，"竹山先生印影"的排序与三册本的差异极大。另外，"柚园先生印影"欠缺一枚印章的印影。除此之外，印影数与三册本相同。

② 以下，01、12 等号码，以《怀德堂印存》昭和三册本为底本，为方便起见，按照竹山、履轩等人名从头开始排列印影号码。另外，也有一叶中存在复数印影，因此，号码与叶数不符。连印二面计数为一，两面印、子母印则各自以别颗计数。另外，判明作者的部分附有篆刻者名。

图 2　积善之印

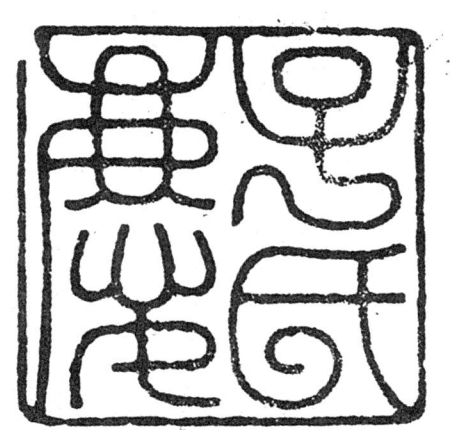

图 3　子庆氏

以下印章，因印文与典故及传说故事有关而引人注目。
① "力学立言"印（04）（曾之唯刻）［如图 4 所示］
② "天子知名"印（05）（前川虚舟刻）
③ "非艸（草）非木九刎一箦"印（18、83）（石樵、前川

虚舟刻）

④ "髯公同物"印（22）（石田刻）

⑤ "井渫老人"印（59）（前川虚舟刻）

⑥ "海上钓鳌客"印（68）（石樵刻）

⑦ "经术文章"印（71、78）

⑧ "战兢临履"印（81）（石田刻）

⑨ "虽无文王犹兴"印（82）（石田刻）

⑩ "谢朝华启夕秀"印（85）（曾之唯刻）

⑪ "独寐寤言永矢弗谖"印（86）

⑫ "力学修己立言治人"印（87）（前川虚舟刻）[如图5所示]

⑬ "井渫不食为我心恻"印（88）（前川虚舟刻）

图4　力学立言

图 5　力学修己立言治人

其中，①与⑫乃基于入德门楹联"力学以修己，立言以治人"。在江户时代的怀德堂中，入正门后左侧即为称作"已有园"的庭院，其中门入口处挂有一块"入德门"的匾额，两侧挂有竹制对联，均为中井竹山所书。"力学以修己"为上联，"立言以治人"为下联。对联论述了自我修养的重要性以及通过自我修养而贡献社会的重要性，表达了怀德堂的基本精神。①与⑫为其四字或八字的略文。

同样与怀德堂内的对联有关的印章，还有⑦与⑧⑩。⑦"经术文章"印，乃基于讲堂中的"堂联"。该联为"经术心之准绳，文章道之羽翼"上下二句，各书于纸上，左右相对。现在"怀德堂文库"所藏，仅有正面左侧的下联"文章道之羽翼"。

该联的解说，可见于竹山的书简集成《竹山先生国字牍》。书中，竹山解说道，年轻时应以"经术"与"文章"为学问修行的主旨，只有究极二者才可称为大成。"羽翼"不只是辅佐之意，还寓有飞鸟之翼的意思，为飞翔工具之比喻。宋代儒者，将废绝已久的圣学传于后世，使之翔于正道，这正是文章的功用。文章因其美，才可以超越时空。并且竹山还称，"修身之事业在此一联"，对此堂联的内容极为重视。竹山所书该联，批判了当时轻视文章的风潮，指出"经术"与"文章"为表里一体的关系。⑦将其浓缩为四字。

⑧"战兢临履"印则基于怀德堂讲堂北窗上的"北牖联"之上句。出典为《诗经·小雅·小旻》的"战战兢兢，如临深渊，如履薄冰"。另外，在《论语·泰伯》篇中，孔子的弟子曾子在临终之际曾引用此语。孔子的弟子中最重视"孝"的曾子，平时十分注意爱惜双亲赋予的身体，其心情正如面临无底之渊，步于薄冰之上，"战战兢兢"，直至临死，才终于得以解放。⑩"谢朝华启夕秀"印基于北牖联的下句。原文为"谢朝华于己披，启夕秀于未振"。此十二字，为陆机（字士衡）之语。《文选》所收的陆机的文章论《文赋》中，有"收百世之阙文，采千载之遗韵，谢朝华于己披，启夕秀于未振"。在此，陆机认为文章应该是收百世间未见之文，用千年间未用之韵，弃去已开之朝华（用陈腐之句之意），而使未开之夕秀盛开。

如上所述，⑧与⑩对北牖之联语进行了重编。本来，北牖之联的上句与下句，在结构及联意上，并无直接的对应关系。但是，前句对生活态度，后句对文章均提出了极高的要求。竹山将此未直接对应的两句进行分割，并分别制成印文。

此外，与怀德堂的故事有关的，为②的"天子知名"印。此印与光格天皇（1780—1817年在位）有关。光格天皇喜好经学，长于作诗。某日，天皇在宫中言及中井竹山及履轩之书。闻知此事的篆刻家前川虚舟，以此为儒家之光荣而分别将磁印赠予竹山及履轩。所谓"天子知名"，即该磁印所刻之文，为"天皇得知其名"之意。另外，或因竹山与履轩的性格有异，竹山一直郑重

保管而未用此印①，而履轩之印既未使用也未妥善保管，现在已经下落不明。(《怀德堂考》)

与③同文之印有二，为不同篆刻家所制。印文的典故，尚有必要进行解说。印文最初四字"非草非木"，乃是晋戴凯之所撰《竹谱》之语，指竹。后四字"九仞一篑"，为《尚书·旅獒》之语，原文为"为山九仞，功亏一篑"。筑高山，而失败于最后一篑之意，在此表示"山"。即竹山用此八字来表示"竹山"。该印与竹山之号有关。

同样与号有关的，还有④"髯公同物"印。"髯公"即"美髯公"，指《三国志》的英雄关羽。竹山于享保十五年（1730）五月十三日生于怀德堂内。其生日为竹醉日（农历五月十三，相传这天竹醉，种竹易活），又与关羽的生日相同，因此竹山后来还用过"同关子"之号。

基于经书之语的印章，为⑤"井渫老人"印、⑨"虽无文王犹兴"印、⑬"井渫不食为我心恻"印。其中，⑤与⑬出自《周易》井卦的"井渫不食，为我心恻"。由于中井甃庵、五井兰洲、中井竹山等怀德堂的历代先贤，姓中均有"井"字，因此而对《周易》井卦之语尤为在意。

⑨基于《孟子·尽心上》的"待文王而后兴者，凡民也。若夫豪杰之士，虽无文王犹兴"。而且，在西村天囚《怀德堂考》序文中，还引用此语赞颂过近世大阪学术兴隆的盛况。

另外，与竹山性格有关的，有⑤"海上钓鳌客"印。所谓"鳌客"，是指性格豪放不羁，怀抱远大理想之人，唐之李白、张俟、王严光等，皆自称为"钓鳌客"。

综观竹山之印，对身为怀德堂第四代学主，使怀德堂隆盛一时的竹山而言，多数印章可谓"印如其人"。竹山之印有与学堂

---

① 《怀德堂印存》也有"存而不用"的注记。

对联有关，表达怀德堂基本精神之印；也有以经书之语入印，表明其学术及人生崇高理想之印等；完全与学主竹山相符。竹山在印章这一小宇宙中展示了极大的理想。

三、中井履轩印

那么，中井履轩的印章又有怎样的特色？履轩为竹山之弟，小竹山两岁，与竹山同样出生在怀德堂并度过幼年时代后，在私塾水哉馆中独力发展，与怀德堂保持了一定的距离。而且，作为怀德堂学主的竹山积极对外，但履轩则不擅于人际交往，还留有著名文人来访而闭门不见的逸话。履轩的别样人生，又是如何反映在印章之中？

首先，来看揭示履轩一号之由来的"履道坦坦，幽人贞吉"印（02）。此语出自《周易》。《周易》履卦中有"履道坦坦，幽人贞吉"，其《象》传云"幽人贞吉，中不自乱也"。意为履于坦坦正道，隐居于野之人，其心态平稳而不被欲望迷乱，因此中正且吉利。此语不但是履轩之号的出处，且与其私塾名"水哉"也有相通之处，正反映了履轩的人生观。在《怀德堂印存》中，除此印以及同文连印且为两面印的珍贵印章（09、10）[如图6所示]之外，还有"幽人"（15、17、18）、"幽人之贞"（03）、"幽人贞吉"（05、33）、"履道坦坦"（32）等多数类似之印。

图 6 履道坦坦、幽人贞吉印（连印·两面印）

同样与号有关的，还有"尚德积载"印（43），以及"既雨既处"印（44）。出典均为《周易》小畜卦中的"既雨既处，尚德载"。卦文为雨既降而阴阳之气安处之象，指阴之德蓄积圆满。另外，此二印的篆刻者，为长于篆刻的尾张藩大阪屋敷的官吏中西石樵。在《怀德堂印存》中，还刻有"既雨既处，尚德积载"（64）印。此外，履轩之名为积德，幼名德二。

以上印文皆出于《周易》，而以下印章则明确表现了履轩超俗的性格。

① "天乐"印（37）[如图7所示]
② "醉乡侯印"印（40～42）
③ "南柯守印"印（45）
④ "白衣御史"印（46）
⑤ "华胥国王之玺"印（59）
⑥ "隐居放言"印（62）

图7　天乐

①为履轩私塾二层中一室之名。履轩于安永八年（1779）再婚之后，将所租借房屋二层中的一室取名为"天乐楼"。"天乐"出自《庄子·天道》篇的"与人和者，谓之人乐；与天和者，谓之天乐"。《庄子》中，将人和谓之"人乐"，而对于人与天地自然之和的境地则评价为"天乐"。庄子论述道，知此天乐者，生则顺应自然而动，死则遵从万物的变化，静而与阴气同德，动而与阳气同波。而且，该印为罕见的瓢箪型阳文印，更为有趣的一点是，该印与阴文连印的"幽人"印（38）[如图8所示]正好形成两面印。此"天乐"与"幽人"两印之心境共通，表里一体。另外，②"醉乡侯印"印，也表述了履轩超越世俗的心境。

图8　幽人

③之印文基于南柯一梦的典故。唐代淳于棼醉眠槐树之下，梦中来到槐安国并成为南柯太守，极尽荣华富贵，梦醒之后才发觉，所谓槐安国不过是蚁穴而已。该故事见于唐李公佐的小说《南柯纪》（《南柯太守传》）。履轩在积极致力于经学研究的同时，大概也看清了俗世的虚荣。

④"白衣御史"印也表明了履轩的立场。"白衣"为无位无冠之意,或者是虽然无位无冠,但在实质上却与御史同样高贵之意。履轩曾自称为"华胥国王",⑤即该印。安永九年(1780),履轩搬至南本町一丁目后,在其住所挂起"华胥国门"的匾额,自拟为华胥国王。所谓"华胥国",是指黄帝在梦中所游的理想国,该国无上下等级,民无爱憎之心,无利害之对立,自然而为(《列子·黄帝》篇)。履轩置身于如此境地,破陈说立新论,蓄积了崭新的研究成果。⑥的"隐居放言",则表达了对自身的一种谐谑。

如上所述,履轩之印与竹山之印形成了鲜明的对比。竹山之印反映了作为怀德堂学主的面貌,而履轩之印则表明了自称为华胥国王而游于天乐之境的心情。另外,在印的造型上,两者也形成鲜明的对比。竹山之印多为著名篆刻家所制的厚重的方形印,而履轩之印则为连印、两面印、瓢箪型、象之纽、子母印等,形式多种多样,对于超越世俗而心游于自由之境的履轩而言,完全可以说是"印如其人"。

但在篆刻风格上,竹山与履轩具有共同的特征,即均采用了格调高雅的古体。当时流行中国明清风格的篆刻,有时则流于低俗。而制作竹山之印的高芙蓉,则一心追求以中国秦汉时期的古印为典范的印风。以芙蓉为首,与怀德堂有过交流的篆刻家们,均为当时大阪的知性沙龙混沌社的常客。通过相互的交流,在竹山之印中,也始终贯穿了堂堂古风。履轩也是如此。如履轩的杂记《幽人先生手记》(抄本,"怀德堂文库"藏)。其中履轩以"秦汉印范"为题,收录了众多中国秦汉时期的篆字。可知履轩与竹山同样是以古体派的印风为理想的。另外,在履轩之印中,有数枚中西石樵所刻的印章,石樵乃是高芙蓉的门人。因此可知履轩也受到了高芙蓉等人的巨大影响。

与竹山之印相比,履轩之印确实多种多样。但这并非意味着履轩在创作印章上的随心所欲,篆刻本身仍是以堂堂古体为规范的。

四、柚园、蕉园、硕果、桐园之印

竹山印与履轩印占去了《怀德堂印存》的大半内容。而在除此以外的印章当中,也有极为有趣的印章。

首先是中井履轩之子柚园的 22 枚印章,印文基本上均来自"君玉""环印"等柚园的名号。也有一些印章,与竹山及履轩之印迥然相异。

① "知雄"印(04)[如图 9 所示]
② "守雌"印(05)[如图 10 所示]
③ "雌伏"印(10)

图 9　知雄

图 10　守雌

其中，①②为两面印，语出《老子》第二十八章的"知其雄，守其雌，为天下豀"。意思是，虽然知道刚强却安居柔弱的境地，且不与人争者，可以成为如接纳天下万物的山谷一样的存在。"雌伏"之意也相同。履轩也有超越世俗之印，却未直接引用此类象征柔弱的《老子》之言。

另外，"守雌""雌伏"等印章，除印文以外，印的造型也极有特色。即此类印章整体上尺寸较小，毫无竹山及履轩印中雄浑、壮大的形制①。

柚园在其父履轩之后，继承了怀德堂及水哉馆，但水哉馆并未得到发展。柚园死后，水哉馆也同时闭馆。从印中所刻的《老子》之言也可感受到，在继承了竹山及履轩等伟大先人的事业之

---

①　印影边长超过4cm的印章，竹山为九枚，履轩为五枚，而柚园以下的印章中，除"怀德堂遗编""水哉馆遗编"等校印以外，最大的也均为3cm以下（即一寸未满）的小型印章。

后，柚园十分苦闷。

最后，来看蕉园（中井竹山第四子）、硕果（竹山第七子）、桐园（中井履轩之孙）之印。以上数人的印章数量较少，未见有如竹山印及履轩印的鲜明特色（蕉园印全十七枚、硕果印全四枚）。而在桐园的全部42枚印当中，有以下印文，引人瞩目。

① "知雄守雌"印（32）
② "朝华夕秀"印（34）
③ "文质"印（35）
④ "不舍昼夜"印（36）
⑤ "大丈夫当雄飞"印（37）

①与柚园印同样，语出《老子》之言。⑤的印文则在意思与①相对，出自《后汉书·赵典传》中"大丈夫当雄飞，安能雌伏"。一个是与柚园同样的心境，而另一个则是欲超越现在的心境，二者均体现在此二印当中。

②是将竹山的"谢朝华启夕秀"的印文压缩而成。③出自《论语·雍也》篇的"文质彬彬，然后君子"。所谓"文质"，乃是怀德堂历代管理人（事务长）的书斋之名。该印作为怀德堂最后的管理人桐园之印，读之感慨颇深。

同样出自《论语》的，有④"不舍昼夜"印。《论语·子罕》篇中有"子在川上曰：逝者如斯夫，不舍昼夜"，自古以来的通常说法认为，此处主要表达了面对川流不息的河流感到世事无常。还有一种理解认为，该句表达了如河川流淌一般毫无停滞地前进的决心。到底该印文包含的是哪一种心情？于桐园而言，恐怕两种心情都在翻腾起伏。一来当时已近幕府末期，怀德堂随经济上的穷困逐步开始衰退，令人感到世事无常，二来他也下定了每日钻研学问的决心。桐园正是通过印文，表达了这两种心情。

结　语

在怀德堂中，除了印谱，还留下了 240 枚印章。内容各异的印文以及印章的造型，反映了各个时代的趋势以及历代教授的观念。

如此大量保存下来的印章及印谱，甚为珍贵。在日本，除了现存如《枢密院印谱》《内阁文库藏书印谱》等，著名的博物馆或机构所藏印影的集成，还有《雪舟印谱》《横山大观落款印谱集》等著名文人以及篆刻家的印谱，但尚无可以展示一所学校百年历史的印谱；并且，连印谱相应的印章也保存完美，则可谓极为罕见。

日本近世出现了各种形式的学校，如昌平黉及各藩的藩校、地方的乡学以及著名学者的私塾等，但是对其印章进行这种综合性考察，怀德堂是首例。这一切必须首先归功于怀德堂的历代教授对印章的细心保管，作为中井家族子孙的木菟麻吕对贵重资料的保存，以及他对怀德堂的复兴所做出的毕生努力。

虽然以上所列印章，仅为整个怀德堂印章的两成左右，但已经可以完全了解到这批资料的重要性。怀德堂的历代教授们，在印章这一小宇宙当中，精心镌刻了怀德堂的历史以及自己的理想。

（《中国学的十字路——加地伸行博士古稀纪念文集》，研文出版，2006 年，第 688~701 页）

奈良、大阪墨之道
——关于古梅园所藏怀德堂墨型

序　言

平成十五年（2003）九月，奈良的制墨老店"古梅园"致电怀德堂研究室，说该店收藏着与江户时期怀德堂相关的墨模（制墨的木制模型），其上记载有汉文，希望我能解释一下汉文的内容。

古梅园创业于天正五年（1577），是营业已超过四百年的制墨老店。与怀德堂相关的墨模，究竟为何物？古梅园与怀德堂之间，又有着怎样的渊源呢？

几天后，该店送来两种墨模的拓印本。一个是圆形的墨模，上面记有以"礼乐刑政"开头的三十二个字。另一个是长方形的墨模，记有以"吾先子"开头的一段文字。我们从结论而言，这两个墨模的汉文，都是怀德堂第四代学主中井竹山（1730—1804）所写；从怀德堂在日本史或是日本思想史中的地位来看，这两篇汉文都极为重要。

本文为了方便起见，暂且将前者称为"礼乐刑政"之墨，后者则称为"吾先子"之墨，并针对其内容试加探讨。

一、"礼乐刑政"之墨

首先，我们探讨"礼乐刑政"之墨。古梅园送来的拓本（如

图1所示）旁记有注释，大意为：在汉文的背面（即墨面），绘有虎豹之画。这让我立即想到《易经》，果然，其汉文正是根据《易经》之典故所写：

> 礼乐刑政如今庙堂已睹大人虎变之炳
> 学行道艺将来草野应成君子豹变之蔚
> 庚戌之秋　　中井积善识　　〔善〕〔竹山〕

其大意为：

> 礼乐刑政（所谓的国家大业），现今在庙堂上确实已经见到大人虎变般的鲜明变化。
> （与此同样）学问或技艺，将来必定也能在民间，完成君子豹变般的杰出变化。

图1　"礼乐刑政"墨拓本

此文文意一目了然，又是简洁的对句结构。因此，我们就以"礼乐刑政如今庙堂已睹大人虎变之炳"为前句，以"学行道艺将来草野应成君子豹变之蔚"为后句，加以若干注解。首先，前句的"礼乐"是指礼仪与音乐。《论语·季氏》有"天下有道，则礼乐征伐自天子出"（天下如果有道，则礼乐征伐都是由天子所发动)。根据中国古代之国家观、天子观,平常时期的"礼乐",与非常时期的"征伐",都是天子所掌握的国家大业。如果这些都是依据天子的命令而施行,就证明天下正在实行正道。"刑政"是刑罚的适用与运作。因为"礼乐"是"文"方面的施政,"刑政"是"武"方面的施政,所以"礼乐刑政"表示国家主要的政治方针。

"如今"是现在、现今之意。结尾的"庚戌之秋",指的是宽政二年(1790)的秋天。"庙堂"是祭祀祖先的祖庙,由于天子在此执行政务,所以表示是朝廷、中央官署之意,在此则是指江户公仪(即幕府)。

所谓《易》之典故,是"大人虎变之炳"一语。这是根据《周易·革卦·九五》"大人虎变,未占有孚。象曰:大人虎变,其文炳也"(大人之变化如虎换毛纹般鲜明,尚未以占卜来测吉凶,就能因为其真诚而获得人民信赖,象传说:所谓大人虎变,其文彩斑斓鲜明,焕然一新)。即意指大人(人格优秀者)所发动的改革,如同老虎换上新毛纹般鲜明夺目,也就是进行彻底的改革。

后句的"学行道艺",则是指学问以及种种的技艺。"草野"是指民间,是前句"庙堂"的对语。

接续在此后的"君子豹变之蔚",则是《易经》中另一个典故。在《周易·革卦·象传》中有"君子豹变,其文蔚也"(君子豹变,其文采蔚然)。亦即意指君子(有德者)改革迁善,如同豹换毛纹图案般的明确与迅速。现代日语中的"豹变",有时作为"无节操、急速改变态度或想法"等负面意义来使用,这是对原意的错误使用。

最后的"庚戌之秋",指的是宽政二年(1790)秋天,约为中井竹山61岁之时。"积善"为竹山之名,落款的"善"印,正是因此名而来。

那么，这段汉文又是在怎样的历史情况下被记下的？可以从前句与后句之间简明的对应关系，以及最后所记的"庚戌之秋"中找到线索。宽政二年，与当时老中（江户幕府的官职名，负责统领全国政务）松平定信排除万难，毅然推行"宽政改革"的时期正好一致。松平定信成为首席老中是在天明七年（1787），而定信来大阪向中井竹山请教经世之策，则是在翌年即天明八年。朝廷将朱子学尊为正统学问而发布"宽正异学之禁"之时，正是宽政二年。而竹山的经世之策于宽政三年被编为《草茅危言》一书。

前句应该就是赞赏松平定信的政治改革，因公仪推动而彻底完成一事。当然，其中也包含着竹山对于自己的经世之策对此改革产生影响的自豪之情。

后句则是说在这样的政治改革之后，学术文化之改革将来也能够完美地达成。因此，承担此工作的"草野"，就是指民间的"怀德堂"。虽然竹山将"怀德堂"谦称为"草野"，但是从中也可以读出他对于"真正的学术文化将在此处成就"的雄心壮志。中井竹山之时，怀德堂之兴盛被认为凌驾在江户昌平黉之上，当时在关西若论"学校"必指怀德堂一事可为凭证。

如此，"礼乐刑政"之墨的内容，与日本史上重要事件"宽政改革"密切相关。竹山应该是以"怀德堂对宽政改革贡献卓著"而自居，写下此汉文，并蕴含为此事立碑的用意，委托古梅园制作此墨。

二、"吾先子"之墨

接着，我们试着探讨"吾先子"之墨。送来的拓本（如图 2 所示）旁边记有注释，大意为：此墨面刻有插于大花瓶之菖蒲画的图样。其汉文为：

> 吾先子尝托梅园主人造二大墨，兰洲先生乃写篆竹及此

盆栽菖蒲以模之。每燕间相聚试书法，距今业已三十年。剡藤淋漓之状，历历在目。追忆怆然，顷嘱今之园主人搜旧模录此再造焉，以传往日雅尚云。

天明甲辰春　竹山居士中井积善识　〔善〕〔竹山〕

其意思是：

先父（中井鳌庵）过去曾经拜托（古）梅园主人制造两锭大墨。（五井）兰洲老师因而画了竹林与此盆栽菖蒲之画，以做成模型。大家在研读学问之余暇，总是齐聚一堂练习书法。那距离现今也已经三十年了。当时墨汁在剡纸上晕润开来的模样，现在也仍旧鲜明得如在眼前。追忆旧时情景，令人怅然。（因此），这次拜托现任（古梅）园主找出旧时的墨模记录此文再度制作此墨。借此，将昔日的高风雅趣流传至今。

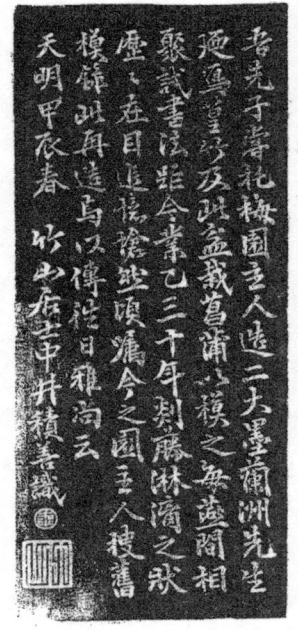

图2 "吾先子"墨拓本

如此,我们得知"吾先子"之墨是为了追怀中井竹山之父蟄庵,以及其师五井兰洲而制作。对此,我们也加以若干注解。

"先子"就是已经过世之父亲,即先父之意。在此,是指中井竹山之父——中井蟄庵。蟄庵殁于宝历八年(1758),而此汉文被写下之时间,如后所述,是在天明四年(1784),竹山五十五岁之时。

"梅园"指古梅园。将古梅园称为"梅园"之例,在琉球国庆贺典翰官程顺则的《古梅园墨赞》(收于《古梅园墨谱·利卷》)一文中,也有"丰山奇宝,梅园真香"之句。"兰洲先生"是指初期在怀德堂担任助教的五井兰洲(1697—1762)。他与中井蟄庵都对怀德堂的兴盛贡献良多,因此,蟄庵之子竹山、履轩两兄弟,均拜兰洲为师,勤勉励学。竹山在其他的文章中,对兰洲也称之为"吾先子之畏友"或是"父执"（父亲之好友）。

"篁竹"是竹林。"燕间"之"燕"，是放松休息的样子，因此"燕间"是指在学习、授课之余的休息时间。

"业已三十年"之"业已"，是已有、已经之意。所谓"三十年"前，从此汉文末的"天明甲辰春"，亦即天明四年（1784）回溯推算，当是公元1754年（宝历年间）左右。这个时间与五井兰洲在怀德堂执教时期相当，当时兰洲约58岁，而竹山则约25岁。

"剡藤"是以中国浙江剡溪之藤为原料而做成的纸之名。"淋漓"是水垂直滴落，或是水势流动活跃的样子。在此处是指笔墨浸润纸张之意，或许也还指笔法活跃有力。"墨痕淋漓"则是称赞笔势时的常用句。

"历历在目"，是说景象鲜明，如在眼前，亦即记忆仍然非常鲜明之意。"怆然"是指心情难过，令人承受不住的样子，著名的用例即是陈子昂《登幽州台歌》中"独怆然而涕下（独自难过不禁流下泪来）"之句。"顷"是这个时候、最近之意。"雅尚"则是品味或兴趣高雅之意。"天明甲辰春"是天明四年（1784）之春天，相当于前述"礼乐刑政"之墨的六年前。

那么，此"吾先子"之墨的汉文，又是以怎样的情况为背景而写下的？其线索还是在"天明甲辰春"之句。在这一年，中井竹山自己的代表作——批判荻生徂徕学说的《非征》，以及其师五井兰洲的主要著作《非物篇》，都以怀德堂版刊行问世，更加深了竹山对兰洲的追怀之情。

怀德堂在第一代学主三宅石庵之时，因为对各家学问之精华采取照单全收的态度，曾经被揶揄为"鵺学"。但是，到了第二代学主中井甃庵与助教五井兰洲之时，经过不断努力，形成以朱子学为基础的严谨学风。也造成了怀德堂与徂徕学派的严重对立。因为他们担忧徂徕的古文辞学过于偏重字句的语言学解释，而完全丧失朱子学追求伦理道德的根本目的。徂徕学影响力巨大,其势力从关东扩及全国。兰洲《非物篇》中的"物茂卿",就是"非"难徂徕之意,而竹山的《非征》,也是旨在"非"难徂徕代表作《论语征》。这两本书的出版,可说是怀德堂学派为了阻止徂徕学之侵犯而发出的反击炮火。

此"吾先子"之墨的汉文,表面上看来,似乎是表达了追念父亲或先师的感伤,但是我们也必须想到其背景,亦即当时怀德堂与徂徕学之间的关系。竹山身为怀德堂学主,不得不正面迎击徂徕学之攻势。在《非征》《非物篇》出版问世的天明四年,此"吾先子"之墨里所蕴含的,应该不仅仅只是追忆或感伤。

三、怀德堂与古梅园

如上文所述,这两锭墨之墨背所记载的汉文,都是与当时政治史或思想史相关的内容。那么,古梅园与怀德堂之间,原本又有怎样的关系?竹山为何要将记载如此重要内容的墨,委托古梅园来制作?

依据前述"吾先子"之墨来看,怀德堂委托古梅园制墨,并不是始于竹山,而是在甃庵、兰洲之时就已经"托梅园主人造二大墨"了。在这篇汉文中,将"梅园主人"与"今之园主人"分开来写,是表示古梅园与怀德堂之间的关系已经持续两代以上。从相关人员的生殁年份来判断,甃庵(1693—1758)时的"梅园主人",是古梅园第七代店主松井元汇(1716—1782);而竹山在天明四年(1784)之时间点所称的"今之园主人",是第八代店主元孝(1756—1817)。

两者之间的此种关系,从其他的资料也可以证实。这些墨模此后又有了令人意想不到的发现。笔者整理上述的汉文概要之后,立即传送给古梅园。一个月后,针对包含此事在内的"怀德堂文库"资料调查情况,笔者在大阪接受了NHK(日本放送协会）的采访①，又与NHK的工作人员一同访问了奈良的古梅园。

在古梅园，我们向师傅请教了制墨的过程，同时也参观了上述两锭墨的墨模原件，以及近年由此墨模复原的两锭墨和收藏大量墨模的仓库。② 在参观采烟、溶胶、入型、干燥等有关制墨过程的房间与仓库之际，笔者注意到一间和室中挂了中井竹山手书的字轴。

该字轴上写着"玄玄斋"三个大字，以及"积善"的署名。此外，还盖有"竹醉日吾以降"③ 的关防印，以及"积善印信"的落款。

"玄玄斋"是古梅园第六代店主松井元泰（1689—1743），以及第七代店主元汇之号。元泰在长崎跟随中国的清人学习墨的制

---

① "怀德堂文库"资料调查之结果，正以《怀德堂事典》（大阪大学出版会，2001年）、《怀德堂资料库全电子目录》（《大阪大学大学院文学研究科纪要》第42卷，2002年）、《怀德堂文库の研究》（《大阪大学大学院文学研究科共同研究报告书》，2003年）等形式，持续公开中。此外，相关的电子资料库也集结为《WEB怀德堂（http://kaitokudo.jp/)》，在网站上公开。

② 圆形的"礼乐刑政"之墨，与长方形的"吾先子"之墨，其墨模都是由刻有图案、文字的墨面、墨背两片木片，与主体的一片木片所构成。这样的三片组模型，与现在制墨主流的两片组模型相较，是比较古老的形态。二者之材质都是山梨木（野生的梨木）。"礼乐刑政"之墨的木制模型，墨面与墨背的木片，都是长18cm、宽11.2cm、厚1.4cm。主体的木片则长20.3cm、宽14.3cm。中间挖空的圆洞部分，其直径为1.3cm，厚2.5cm。三枚木片的总重量是860g。由此墨模制出的墨，直径为8.6cm，厚1.4cm，呈六丁型（丁为表示墨块大小的计量单位），重90g。另一方面，"吾先子"之墨的木制模型，墨面与墨背的木片，长22.7cm、宽8.0cm、厚1.8cm。主体的木片，长25.7cm、宽11.2cm，挖空部分则是长15.8cm、宽7.0cm、厚2.7cm。三枚木片的总重量为140g。从此墨模制出之墨，长13.6cm、宽5.8cm、厚1.5cm，呈十丁型，重150g。在日本，依据墨最后成品的重量，将15g称为一丁型。这是因为墨从墨模脱出后，经过干燥，其体积会减少约一成。此外，这两件木制模型，都是收藏在保管古梅园墨模的仓库内。这些资讯都是由古梅园的竹住享先生告知，在此深致谢忱。

③ "竹醉日"是指农历五月十三日，源自中国习俗，认为在此日植竹将特别茂盛。此外，此日传说也是《三国志》英雄关羽的生日。因为竹山生于此竹醉日，故以"竹山"为号。"竹醉日吾以降"，也是竹山以此为印之因。

法，对日本制墨业的发展有所贡献。《古梅园墨谱》四卷，就是由元泰编辑而成，与元汇编的《古梅园墨谱后编》五卷，都是我们了解墨文化史的贵重资料。

其中，《古梅园墨谱》中没有直接表示与怀德堂关系的内容，但是《后编》中附有中井竹山所写的《墨谱后编序》，我们也由此得知竹山为《后编》撰写序文一事。序之开头，竹山称赞说，"平城"（奈良）自古以来有许多制墨店，尤以"古梅园"为翘楚。① 此外，《后编》中还收录了五井兰洲之父五井持轩以"青云芝"为题的墨之拓本。这些均清楚地描绘了怀德堂与古梅园之间的密切关系。

展现古梅园与怀德堂之间关系的资料，在"怀德堂文库"中也有保存。首先，《芳山纪行并诗》是中井竹山所著的旅行诗文集，是以宝历十三年（1763）至吉野赏樱之行为题材。"芳山"指的就是奈良的吉野山。书中也记载，这一年竹山正值34岁，从三月四日起，一行六人，进行了为期六日的旅行，回程顺路到奈良一事。此外，竹山之弟履轩在他的札记《日录》中，也记载了安永八年（1779）三月八日至十三日的吉野之行，途中曾至奈良一事。再者，竹山之子蕉园也留下以宽政七年（1795）至吉野山赏樱为题材的旅行诗文集《骊碧囊》。书中，蕉园写了三月五日进入"宁乐"（奈良）之情景，在"三笠山""兴福寺"之后，提到了"古梅园"。他在此处写道："古梅园主人，与吾有通家之好"，说古梅园与中井家从以前就代代来往亲密。② 据此，我们

---

① 序之开头为"平城之多墨者也尚矣，特以古梅园氏为称首"，其结尾则为"安永癸未（即，安永二年，1773年）之春"。

② 以上三件怀德堂资料的书志资讯、解题等，请参看汤城吉信《怀德堂文库资料解题（7）》（收于汤浅邦弘编《怀德堂文库的研究》，大阪大学大学院文学研究科共同研究报告书，2003年）。此外，这些资讯也收录在前注《WEB怀德堂（http://kaitokudo.jp/）》网站之"怀德堂资料库"中。

可以明白，两家之交流从五井持轩与兰洲父子、中井甃庵之时已经开始，至蕉园之时，已经持续三代以上。

我们还应该注意的是古梅园分店的存在。根据《奈良制墨文化史》（奈良制墨共同组合，2000年），正德年间（1711—1715），大阪有许多制墨师与制笔师。此外，随着制墨业的发展，"南都"（奈良）的老店也有在大阪、京都、江户开设分店的情况。

延享五年（1748）出版的《难波丸纲目》里，在《诸职名工之部》中有"墨师"一项，二十四间店铺之中，有三间来自"南都"，其中一间的墨师是"松井和泉"（亦即古梅园），所在地是"南久宝寺町心斋桥"。此外，安永六年（1777）出版的同书安永版，也记载了十七间制墨店之中，有三间是"南都出店"，其中一间仍是前述的古梅园[①]。

由此看来，怀德堂与古梅园之间的联络，也有可能是通过这家分店进行的。此外，前述《难波丸纲目》延享版中，《诸师艺术部》里列出六位"儒学者"之名，名列第一的是"尼崎町　五井藤次郎"（即五井兰洲），其次是"尼崎町　中井忠藏"（即中井甃庵）。而在同书安永版中，《诸师艺术之部》里有"儒学者诗学者"一项，排名第一的是"尼崎町一丁〆　三宅才次郎"（即怀德堂第三代学主三宅春楼），其次是"同丁　中井善太"（即中井竹山）、"南本町二丁〆同德二"（即中井履轩）。尽管"墨师"与"儒学者"有所不同，这段记录也显示两者在当时的大阪均是名门、名人。

总之，两者之间的关系并不是在竹山时期才突然开始，更不

---

① 若将时间点往后延伸，明治三十三年序的《大阪营业案内》（昭和五十年复刻版，新和出版社）之中，在"南久宝寺町通四丁目心斋桥筋"处，也以较大的活字印着"古梅园老铺　松井笔墨店"。

167

是竹山时的短暂来往,而是一种从甃庵、兰洲活跃的怀德堂初期开始延续下来的深厚友谊。

结　语

墨,作为"文房四宝"之一,自古以来被文人喜好。纸、笔、墨、砚,虽然是书写记录用的消耗品,但是各自被附加上艺术价值后,便作为艺术品而发扬光大。墨也因讲究形状和材质,以及在表面刻上文字或图案,被附加上一种纪念性质的价值。

当时,论制墨是古梅园,论代表关西的文化据点则是怀德堂。两者之遇合,确实可说是宿命的"文"之遇合。历时超过二百数十年才被确认的怀德堂墨模,说明了奈良与大阪之间过去确实存在"墨之道"一事。

(《怀德》,2005年1月第73号,第6~14页)

人类的文化遗产"版木"的数字图书馆——以大阪大学"怀德堂文库"所藏版木为中心

序 言

版木(或板木、木板),为印刷原版,是具有千年历史的重要文化遗产。当今大量保存版木的国家,有中国、韩国、越南、日本等国家,具体的保存机关有以下一些:(中国)扬州中国雕版印刷博物馆、首都博物馆、(日本)墰保已一史料馆、奈良大学博物馆、(韩国)海印寺、韩国国学振兴院等机构。

2015年3月,由韩国国学院主办的"国际板木保存研究协议会"在首尔大学召开,会上重新对版木的保存、研究以及进行图书馆数字化的重要性进行了研究、讨论。

在本文中,将一边介绍大阪大学"怀德堂文库"的相关举措,一边对如何将东亚残存的贵重版木进行数字图书馆化的问题进行思考。

一 大阪大学与日本的版木

大阪大学收藏有390万册书籍以及7万种杂志(在日本的国立大学中藏书量位于第三位)。在"怀德堂文库"中,除收藏有5万册书籍外,还收藏有数量众多的器物。怀德堂是日本江户时期由大阪商人创建的学校,与其相关的贵重资料,现在都收藏在大阪大学中,称之为"怀德堂文库"。

在"怀德堂文库"的器物类当中,有 330 枚版木(如图 1 所示)。版木即印刷原版,具有千年以上的传统。在日本,一直到明治时代初期(1880 年左右),都在普遍使用版木进行印刷。

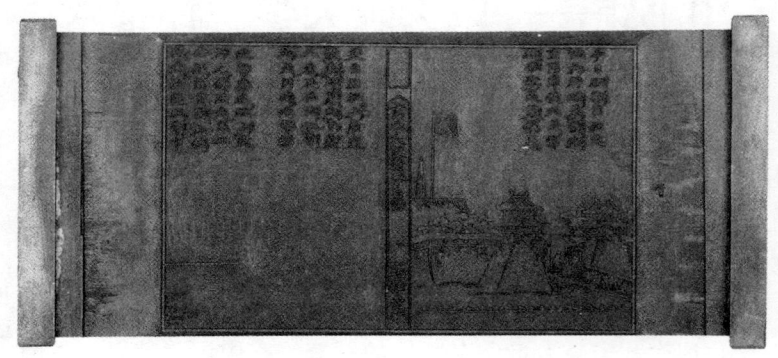

图 1 "怀德堂文库"所藏版木

其后,由于印刷变为活字印刷,版木急速消亡。第二次世界大战中,日本的版木几乎在战火中销毁殆尽。据统计,现在日本的版木大约残存 20 万枚左右(也含有波士顿美术馆、大英博物馆等所藏的日本版木)。

日本保存版木的主要机构如下所示:

【大学】奈良大学、天理大学、京都大学、大阪大学、大谷大学、早稻田大学、神户女子大学、庆应义塾大学、立命馆大学

【寺社】佛光寺、高野山金刚峰寺、黄檗山万福寺

【博物馆】和歌山市立博物馆

【民间企业、出版社】艺草堂、法藏馆

【社团法人】温故学会

二 江户时代的怀德堂与版木

江户时代的怀德堂,于明治二年(1869)闭校,其后,该建筑物被转租,并于明治末期被拆毁。

但怀德堂的平面图却留了下来,可以看到当时学舍的情况(如图 2 所示)。据此可知,其内部有"学校版刷部屋",根据相关人员证实,其中"放置有版木,并经常有工人进出工作"。版木有"怀德堂藏版"的标识。

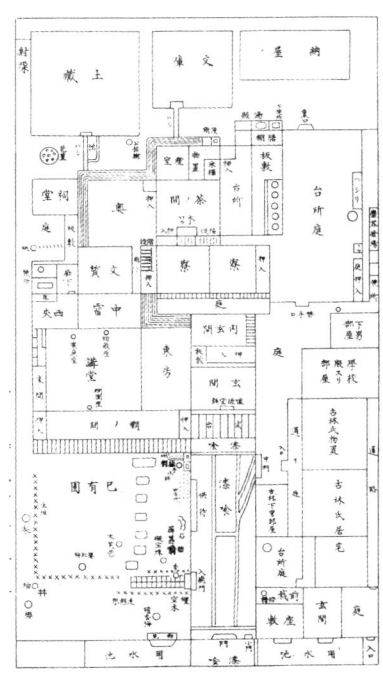

图 2　旧怀德堂平面图

当时的学校具有多种功能,印刷出版书籍便是其中之一。例如,从韩国的陶山书院残存有大量的版木可知,乡校与书院为地方的出版文化做出了极大的贡献。怀德堂也具备了作为印刷出版机构的功能。不过,其主要以印刷怀德堂学者的论述为主,而并非为广泛刊行及销售一般书籍的出版社。但是其作为学校附属设施的印刷间的存在,还是值得注意。具有印刷出版功能的怀德堂,当然也拥有众多的印刷原版的版木。拥有版木即意味着拥有版权,所以版木也是重要的学校资产。

不过,随着江户幕府的灭亡,怀德堂也停办了,并失去了大量的版木。

三 版木的数字图书馆

其后,在寄赠给大阪大学的"怀德堂文库"中,含有超过300枚的版木。最为著名的是"《华胥国物语》版木"(如图3所示)。在这本书中,中井履轩用流畅的假名文记述了理想国的景象。这是履轩的曾孙中井木菟麻吕在该书刊行之际雕刻的版木,版面上可见有"明治十九年(1886)二月十日版权免许""同年五月刻成"的表记。版木共计10枚,各版木双面雕有文字,包括封面及文章在内,共计十八页版面。版木厚2.4cm。框郭内尺寸为18.9cm(长)×13.9cm(宽),每半叶十行,版心雕有页数。此版本是了解明治时期木版印刷的贵重资料。

图3 《华胥国物语》版木

除此之外,在"怀德堂文库"中还收藏有众多的贵重版木,多为明治初期的版木。此次,我们对其中保存状况最佳的《画本大阪新繁昌诗》的版木进行了数字化处理并加以公开(如图4所示)。

图4 《画本大阪新繁昌诗》蒸汽船书影

《画本大阪新繁昌诗》是一册记录了明治初期大阪的文明开化景象并配有插图的诗集。该书刊行于明治八年(1875),为田中华城所著。书中,从大阪城、造币场、大阪府厅等大阪有代表性的建筑物,到改变了民众生活的铁道、蒸汽船、邮政、煤气灯、牛肉店等,对文明开化的新风给大阪带来的变化(共分20个场景)进行了详细的描述。每个场景均配有冈岛凤洲的插图以及田中华城的七言绝句1至3首。作者对插图中描述的新大阪的情景以及风俗,用平易的口语风格以七言诗的形式进行了解说。

该版木均为二页张(即版木的表里各雕一页),两端附有端食(把手)。不过与韩国典型的版木相比,尺寸稍小,端食也较小。韩国的版木,端食极大,其主要是为了防止版面的接触,并在防止版面劣化的同时,也考虑到保存之际的通气性问题(如图

5所示)。

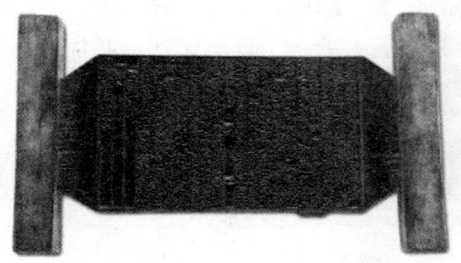

图 5　韩国代表性版木的形式

四　版木数字图书馆的特色及意义

大阪大学怀德堂研究中心,在怀德堂研究的综合网站"WEB怀德堂 http://kaitokudo.jp/"上公布的版木,具有以下的特征。

①通过阅读"何为版木""怀德堂的版木"等的解说,获得有关版木的基础知识。

②各枚版木均可以高精细图像进行阅览。在图像中,可以发现版木的埋木现象(在修正版木之际,削掉原有版木的一部分后,埋入新木并重新雕刻,如图6所示)。

③因版木是以镜像文字进行雕刻,难以直接阅读,网站图像经过处理后,可以进行虚拟反转后直接阅览。

④版木与版本,可以在同一画面上进行左右对照阅览。通过对照阅览,可以验证该版本是否确实是由该版木印刷而成(如图7所示)。

⑤各版木均使用大型正色(ortho)扫描仪(自动式)以3D高精细图像的形式进行制作。该扫描仪也可拍摄立体物体,而且画面不会出现扭曲。其最大拍摄尺寸为 120cm×150cm×15cm(如图8、9所示)。

⑥而且，还可使用 3D 打印机基于该高精细图像对版木进行再现。即不使用实际的版木，而使用由 3D 打印机制作的版木进行印刷，如此，就可以一面防止贵重版木的劣化，一面进行印刷的演示。

图 6　"埋木"的实例

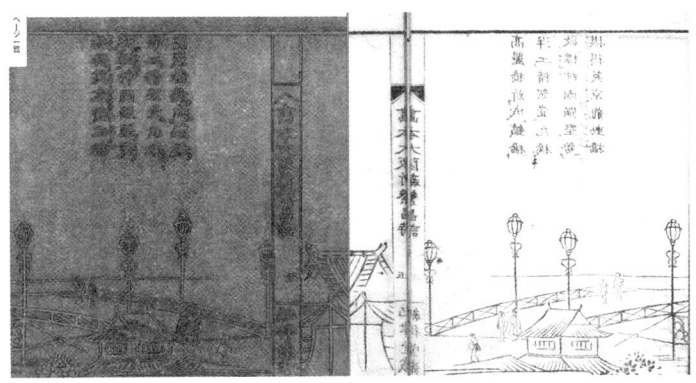

图 7　版木与版本的对照展示

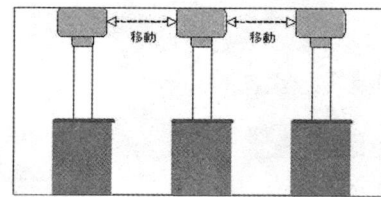 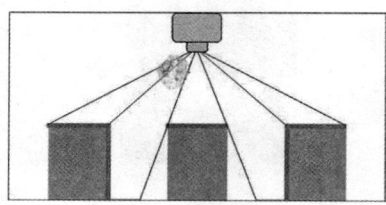

图 8　摄影对象（上、下）

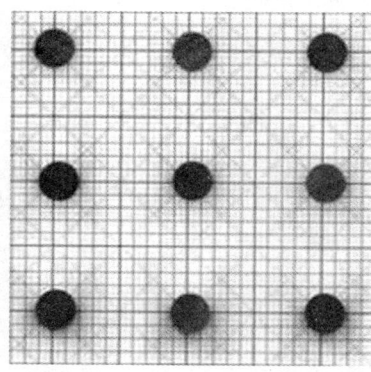 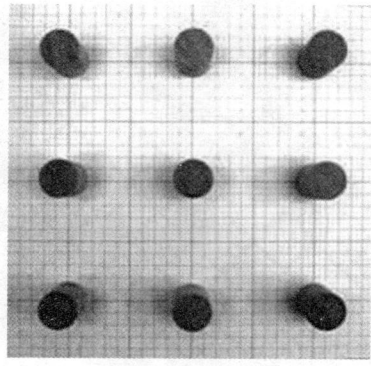

正色扫描仪（图像无扭曲）　　　　　一般的数码相机（四周图像扭曲）

图 9　摄影效果（左、右）

结　语

版木向来都被认为是难以进行拍摄以及电子化的,而我们此次通过对版木的数字图书馆化,使版木研究产生了极大的便利,即可以通过数字图书馆化的手法,对具有千年历史的版木文化进行重新审视。这也是该电子化项目最大的意义所在。

【参考】"怀德堂文库"所藏版木一览(如图 10 所示):
①怀德堂的相关版木
- 《华胥国物语》[中井履轩,明治十九年(1886)刊]
该版木为履轩曾孙中井木菟麻吕在该书刊行之际所雕。
②田中华城、田中金峰相关版木
- 《大阪繁昌诗》[田中金峰,文久三年(1863)刊]
- 《温疫论集览》[田中华城,庆应元年(1865)刊]
- 《大阪繁昌诗后编》[田中华城,庆应二年(1866)刊]
- 《日本复古诗》[田中华城,明治三年(1870)刊]
- 《西洋千字文》[田中华城,明治七年(1874)刊]
- 《金峰绝句类选》[田中金峰,明治七年(1874)刊]
- 《画本大阪新繁昌诗》[田中华城,明治八年(1875)刊]

图 10　"怀德堂文库"版木的收藏状况

以上，为田中华城［文政八年（1825）至明治十三年（1880）］与其子田中金峰［弘化元年（1844）］至文久二年（1862）的著作版木。田中华城，曾从难波抱节学习医术，从泊园书院的藤泽东畡学习儒学，且擅作诗。其子金峰也颇有诗文才学，却于19岁英年早逝。金峰死后，其父华城搜集其遗稿而刊行《大阪繁昌诗》及《金峰绝句类选》。因此，上述版木均可认为是其父华城在出版之际所雕版木。

（四川大学古籍整理研究所学术讲座讲演稿，2016年5月12日）

日本江户时代历史资料的数字图书馆（Digital Archive）
——大阪大学"怀德堂文库"的发展

序　言

创立于 1724 年的大阪旧式学堂怀德堂保存的约 5 万件贵重资料，现在由大阪大学作为"怀德堂文库"进行收藏[①]。大阪大学从大学创立 70 周年的 2001 年开始，致力于"怀德堂文库"的数字图书馆建设，并将每年的成果积累起来，以"WEB 怀德堂 http://kaitokudo.jp/"[②]的形式予以公开。

在该网站制作之际，最费工夫的就是如何去对应多种多样的资料的问题。"怀德堂文库"中，除书籍以外，还收藏有各种各样的器物，通过这些器物可以了解到当时学堂的状况。在世界各国的图书馆中，以"文库"命名的收藏有很多，而且其电子化进程也十分迅猛。但如何将具有多种多样形态的器具进行数字化，仍然是一个巨大的课题。

本章将主要介绍一下大阪大学是如何将数量庞大的书籍，以及多种多样的器具进行数字图书馆化的。

[①] 有关怀德堂及"怀德堂文库"的详细情况，参阅汤浅邦弘编《怀德堂事典》（大阪大学出版会，2001 年）。

[②] "WEB 怀德堂"，是集结了怀德堂研究成果的综合网站，现在，由大阪大学怀德堂研究中心（中心主任：文学研究科教授汤浅邦弘）进行管理运营。

一 电子书籍

检索大阪大学的图书目录我们就可以了解，大阪大学"怀德堂文库"中收藏有何种文献，某个文献是否保存在"怀德堂文库"中。刊行于1976年的《怀德堂文库图书目录》，可以说基本上解决了这个问题。但是作为非卖品的图书目录，不久即成绝版，一般读者很难见到该书。

为解决这个问题，2000年，大阪大学以笔者为代表，组织成立了"怀德堂研究会"。①

我们的工作首先是仔细核对《怀德堂目录》，并将目录与实物进行了对照。接着在2004年，将"怀德堂文库电子图书目录（http://kaitokudo.jp/Kaitokudo2_cgi-bin/Simple.exe?StyleSheet=Top)"在怀德堂研究综合网站"WEB怀德堂 http://kaitokudo.jp/"上进行了公开。

在该电子目录中，除了可以浏览目录的全部页面外，还加入了从目录到相关页面的超级链接功能。公开此种电子目录的图书馆众多，但"怀德堂文库电子图书目录"最大的特点就是，可以随时追加对脱误的修正，以及目录刊行后新搜集资料的信息补遗。这项工作由怀德堂研究会的成员们来进行，成员们各自发现的脱误、阅览者所指出的脱误等不断追加到该电子目录中。当然，为了不让一般阅览者随意更改页面，我们进行了严格的信息管理，仅向成员们颁发了ID与密码。

另外，该电子目录还与怀德堂数据库（http://kaitokudo.jp/kaitokudo1/）相链接。文库中最重要的资料均作为"怀德堂数据库"附画像加以介绍，而且对于在电子目录中附以红色便签的书籍，只要点击该处，便会打开数据库，显示出详细的解题与

---

① 隶属大阪大学文学研究科中国哲学研究室。现在的研究会成员约十名。

精细的画像。

在书籍的数字化方面,近年来出版业界中相继进行了电子出版,"怀德堂文库"中的一般书籍也均以电子书的形式予以公开。而且不仅是将全部页面在网络上公开,还在画面上添加了扩大功能。此外,为有效利用数字内容(digital contents),还采取了以下一些手法。

(1) 嵌入辞典功能

电子书在文本的重要处及难解的部分嵌入了辞典功能。只要点击该处,就会显示相关解说。最具代表性的例子,是怀德堂中井履轩执笔的人体解剖图说《越俎弄笔》的电子书(http://kaitokudo.jp/essorouhitsu/index.html)。在此,除了可以阅览全部页面以外,还可以将局部加以扩大。而且,在标题、印记、注记、重要的语句上,有提示阅览者点击的红框,只要点击该处便可显示出解说文部分,即嵌入了辞典功能。

(2) 数种版本的对照与章句的置换

我们不仅只将文本转化为电子版,还提供在中文资料研究上不可或缺的版本对照功能。其中典型的例子,就是"怀德堂四书"(http://kaitokudo.jp/shisho01/index.html)。目前,《四书》中已有《大学》《中庸》《孟子》的电子书,其中《大学》原为《礼记》的一篇,朱子《大学集注》大幅重编了《大学》文本,而怀德堂的学者中井履轩又在《集注》的基础上重编章句,著《大学杂议》。因此在该数字内容中,为了从视觉的角度去理解三者的关系,在采用三段对照显示形式的同时,还加入了章句的置换(移动)功能。也就是说,原《礼记·大学》篇是如何被朱子重编,中井履轩又提出了何等观点等,均从视觉角度予以明确展示。

二　印章

不太容易数字化的资料之一便是印章。向来在公开印章资料时，基本上只介绍其印谱而已。但在怀德堂的电子展示中，整个印章本身均可以在网络上进行阅览。"怀德堂文库"中存有超过240枚江户时代的印章，基本上均在"WEB怀德堂"中予以公开。特别是将其中最重要的16件，制作成了3D图像"怀德堂印章展示"（http://kaitokudo.jp/insho/index.html）。在网站上，可以用鼠标进行操作，使印章旋转，从各个角度加以观赏。不仅印面，各具造型的印纽及侧款等也可以进行阅览。而且，对于占怀德堂印章大半部分的中井竹山之印与履轩之印，所有印章的画像、印面、印谱均可各自进行三方对照（http://kaitokudo.jp/insho02/，以及http://kaitokudo.jp/insho03/）。

通过"怀德堂文库"中的数字图书馆建设，还收到了一些意想不到的效果，这就是真赝的鉴定。在大阪大学，现在仍有许多旧书店以及古董商带来的一些据称是江户时代与怀德堂有关人物的书画。鉴定真赝的一个很大的标尺便是印记（关防印、落款、藏书印、游印等）。制作比较精巧的伪作印章一眼很难辨识，但在数字档案中，因印面及印谱均可将局部扩大进行仔细确认，使真赝的鉴定容易了许多。这也是数字图书馆建设的一大成果。

三　版木

版木同样不太容易进行数字化。作为昔日印刷原版的版木，因版面漆黑，向来被认为不适合进行数字化。但在"怀德堂文库"中，收藏有超过300枚的版木。如何对其进行保管，并如何对其进行数字化的问题，一直困扰着有关人员。

在此，我们首先选定"怀德堂文库"中保存状态最为良好的版木之一、共15枚的《画本大阪新繁昌诗》版木，进行数字化

（http://kaitokudo.jp/hangi/hangi_top.swf）（《画本大阪新繁昌诗》是明治时期描写大阪文明开化情景的带插图的诗集）。

在版木的摄影中，并没有使用数码相机，而是使用了正射投影扫描仪（OrthoScan）[①]。这是因为使用数码相机时，越到边缘画像越发生歪曲，而在使用正射投影扫描仪时，即使是较大的器物的周边也不会发生歪曲现象，因此可以拍摄到正确的画像。

在该数字内容中，不但可以阅览到版木的各面，还可将用反字雕刻的版木进行模拟反转使文字的读取更加容易。而且还可以将版本与版木进行模拟对照，这样就可以验证某个版本实际上是否是从该版木上印刷而来的。这个技术不只应用于《画本大阪新繁昌诗》，也可以应用于其他版木。在日本，收藏版木如此之多的图书馆是较少的，没有见过版木的研究人员也越来越多。拥有千年历史的版木文化可以通过数字化的手法加以重新认识。这点是该数字图书馆最大的意义所在。

四　模型

怀德堂的中井履轩制作的木制天体模型"天图"，显示了类似第谷·布拉赫（Tycho Brahe）的"修正天动说"的天体观，在日本的天文学史上占有重要的地位。该模型以太阳为中心配置了圆盘状的行星轨道，各个圆盘均可以实际运转。但毕竟是经历了200多年的贵重资料，所以我们比较担心触摸会加快模型的劣化。但在其数字内容"模拟天图（http://kaitokudo.jp/tenzu/

[①] 大型正射投影扫描仪（OrthoScan），凸版印刷株式会社开发的高精细大型彩色扫描仪。仪器装备有能够拍摄正射投影画像的镜头与移动式传感器、光源，使得到精确形状，实现高度可读性的数字档案化成为现实。也可进行立体物体的扫描，最大输入值为（长）120cm×（宽）150cm×（高）15cm。该仪器最大的优点是，不会发生由镜头引起的歪曲或因距离差引起的图像变化，能够正确的记录大小，可以得到与三维CG的形状数据进行粘贴的最为合适的画像等。

index.html）"中，通过在网络上运转天图，可以观察"天图"各个运作轨迹，来理解折中天动说与地动说的中井履轩的宇宙观。各个圆盘可以按照自动或手动（任意的速度）模式进行运转。这样就可以理解该"天图"表面看上去是太阳中心说，实际则是全体以地球为轴心进行运转的。

有的模型是通过运转后才第一次明白其意义所在，该"天图"正是这类模型的一个典型。"模拟天图"可以在不使资料劣化的前提下理解资料的本质与意义。

结　语

大阪大学就是通过以上的一些综合手法，推进了融合文科资料调查与理科最先进技术的数字内容化进程。而且，这些手法并不仅限于大阪大学"怀德堂文库"，也可广泛应用到更多图书馆、博物馆的数字化建设，以及电子出版等方面。

从世界范围来看，不得不遗憾地说，日本的电子图书馆事业发展迟缓。这是因为，除了汉字外，还有平假名、片假名，再加上古代写本的草体、连绵体等，不适宜数字化的文字及表记较多的原因。

万幸的是，"怀德堂文库"的主要资料均为汉籍资料，基本上可作为中文资料进行数字化处理。而且，对于多种多样的器物，也按照各个资料的特性来灵活应用相关技术，推进数字化的进展。衷心期待着这样的技术与成果，也能灵活应用到其他的图书馆或文库中。

（中文数字出版与数字图书馆国际研讨会演讲稿，2012 年 6 月 25 日）